MAXIM GORKI

NACHTASYL

SZENEN AUS DER TIEFE
IN VIER AKTEN

D1935449

EINZIGE AUTORISIERTE ÜBERSETZUNG
VON AUGUST SCHOLZ

PHILIPP RECLAM JUN. STUTTGART

Originaltitel:

NOTSCHLESHKA
(NA DNJE SHISNI)

Universal-Bibliothek Nr. 7671
Alle Rechte vorbehalten. Aufführungsrechte durch den S. Fischer Verlag, Frankfurt a. Main, Abt. Bühnenvertrieb.
Gesetzt in Petit Garamond-Antiqua. Printed in Germany 1979. Herstellung: Reclam Stuttgart
ISBN 3-15-007671-4

EINLEITUNG

Das bedeutendste dramatische Werk Maxim Gorkis ist zweifellos das „Nachtasyl". Sein erstes Drama, die „Kleinbürger", schrieb er 1901. Er hatte den großen Dramatiker Anton Tschechow 1900 in dessen Sommerhaus in Jalta, wohin ihn Tschechow nach einem Briefwechsel eingeladen hatte, persönlich kennengelernt. Damals war Stanislawskij, der Begründer des „Moskauer Künstlerischen Theaters", mit seinen Schauspielern bei Tschechow wie alljährlich zu Gast; sie spielten vor den beiden Dichtern die Stücke Tschechows und andere Einstudierungen neuer Werke. Diese Begegnung wurde für Gorki ein für sein künftiges Werk außerordentlich befruchtendes Erlebnis. Tschechow, der Gorkis Novellen kennengelernt hatte, riet ihm dringend, ein dramatisches Werk zu schreiben. Dieser Anregung folgend, schrieb Gorki die „Kleinbürger", die sein Übersetzer August Scholz, der schon 1901 Gorkis Erzählungen in deutscher Sprache in 6 Bänden bei Cassirer (Berlin) herausgegeben hatte, bei einem Aufenthalt in Rußland, wo er mit Gorki und dessen Freundeskreis zusammentraf, kennenlernte. Schon 1902 wurde das Werk in der einzig autorisierten Übertragung von August Scholz von Otto Brahm in Berlin inszeniert, fast zur selben Zeit wurde es in Moskau von Stanislawskij mit dem Moskauer Künstlertheater aufgeführt.

Aber schon hatte Gorki mit einem neuen Stück begonnen. Er erwähnte es zuerst in einem Brief an Scholz, auch Piatnitzki, Gorkis Freund und Ratgeber in praktischen Dingen, schreibt etwas später darüber im Juli 1902 an August Scholz nach Deutschland: „Gorki beendet jetzt ein neues Stück. Ich habe es gelesen, es ist noch besser als die ‚Kleinbürger', tiefer und für Ausländer verständlicher. Es heißt ‚Nachtasyl'."

Schon im September 1902 fuhr Scholz wieder nach

Rußland, um das Stück mit Gorki zu lesen und durchzusprechen, bevor er es ins Deutsche übertrug. Bereits im Januar 1903 ging es in der Inszenierung Max Reinhardts im „Kleinen Theater" in Berlin über die Bretter und wurde ein Theatererfolg ersten Ranges — auch Max Reinhardts erster großer Erfolg. Aber lesen wir, was August Scholz 1910 selber über das „Nachtasyl" geschrieben hat:

Das „Nachtasyl",
sein Dichter und seine Darsteller
von August Scholz.

Nicht nur Bücher, auch Bühnenstücke haben „ihr Schicksal". Wenn man von Schillers „Räubern", von Beaumarchais' „Hochzeit des Figaro" spricht, so denkt man nicht bloß an den poetischen Inhalt dieser Dramen, sondern auch an ihre äußere Wirkung, an die Bedeutung, die sie gleichsam als Auslösung eines gesellschaftlichen Zustandes, als Manifestation gewisser Strömungen und Stimmungen in der Volksseele gehabt haben.

Zu den Bühnenwerken dieser Art gehört auch Maxim Gorkis „Nachtasyl". Man kennt die Lebensgeschichte dieses jungen russischen Schriftstellers, der heut als Verbannter, fern der Heimat, im Auslande weilt. Man hat es mit Staunen gelesen, wie der jetzt kaum Vierzigjährige*, dank seinem Genie, aus den Tiefen der Gesellschaft zum Ruhme emporstieg und sich einen ehrenvollen Platz in der Weltliteratur eroberte. Für die Geistesgeschichte Rußlands hat Maxim Gorkis Schaffen noch eine ganz besondere Bedeutung: Maxim Gorkis Dichterrufe schallten wie Fanfarenklänge, wie der jähe Aufschrei eines dem Ersticken nahen Volkes, das alle Kräfte anspannt, um sich einem auf ihm lastenden schweren Alpdruck zu entwinden.

Und so wurde auch das Auftreten Maxim Gorkis, des „Bitteren", wie er sich selber nannte, verstanden. Man jubelte ihm zu, als er zuerst in seinen Skizzen und No-

* Maxim Gorki — mit seinem bürgerlichen Namen Alexej Maximowitsch Pjeschkow — wurde im Jahre 1869 geboren.

vellen gegen die bestehende Ordnung der Dinge — die allen eine heillose Unordnung schien — lauten Protest erhob, und man klatschte ihm begeistert Beifall, als er diesen Protest, nur noch lauter und eindringlicher, in seinen Dramen wiederholte.

Das auch in Deutschland rühmlich bekannte Moskauer „Künstlerische Theater" hatte Gorki seine Pforten geöffnet. Wo man eben noch die fein ziselierten, aber zumeist freudlos düstren Salonszenen Tschechows als die höchste Blüte russischer Bühnenkunst bewundert hatte, da klang nun die volkstümlich kraftvolle Sprache des jungen Stürmers, der von aller Welt als ein mutvoller geistiger Befreier begrüßt wurde. Schon Gorkis erstes Stück, die „Kleinbürger", hatte ungewohnte, erfrischend kräftige Töne angeschlagen und im Moskauer „Künstlerischen Theater", das in seinem Direktor Stanislawskij einen der genialsten Regisseure besitzt, einen durchschlagenden Erfolg errungen. Es leuchtete keck in die Kreise der russischen Intelligenten hinein, dieser vergeblich nach Lebensinhalt ringenden geistig Armen, denen Gorki in dem Lokomotivführer Nil, dem Vogelsteller Pertschichin, der Näherin Polja ein paar lebenssprühende Gestalten aus dem Volke gegenüberstellte.

Es war ein starker dramatischer Puls in diesen Personen und Szenen, die auch auf der deutschen Bühne — das Berliner „Lessing-Theater" führte das Stück unter Regie Otto Brahms zuerst auf — ihre Wirkung auf das Publikum nicht verfehlten. Mit Spannung erwartete man in Rußland wie in Deutschland, wo Gorki bereits als Erzähler sich einen trefflichen Namen gemacht hatte, das nächste Bühnenwerk des Dichters. Er schrieb es im Sommer 1902 — unter Polizeiaufsicht, eine Wache vor dem Fenster —, und als es fertig war, nannte er es „Notschleschka", zu deutsch „Nachtasyl". Den Freunden Gorkis schien dieser Titel ein wenig zu robust, und so erblickte es in Rußland unter dem mehr literarisch klingenden Namen „Na dnje shisni", „Auf dem Lebensgrunde", das Licht der Welt. Die Darsteller des „Künstlerischen Theaters" waren entzückt von der eigenartigen

Aufgabe, die sich ihnen darbot: diese aus der Tiefe emporgeholten Gestalten, dieser Abhub der Gesellschaft, diese Verstoßenen und Verlorenen künstlerisch zu verkörpern — welch einen Antrieb gab das dem Schaffenstrieb der Künstler: Totschläger und Diebe, Falschspieler und Trinker, Dirnen und Zuhälter, daneben schlechtweg Unglückliche, vom Leben Zertretene, in Not und Siechtum Verkommene — welch eine Summe menschlichen Jammers und Leids war da in den vier Wänden dieses dumpfen Asyls vereinigt! — Welch eine Orgie des Elends! Und doch — wie meisterlich hatte der Dichter es verstanden, die Züge edleren Menschentums in diesen Unglücklichen aufzuzeigen, ihr Aufstreben zu Licht und Sonne zu zeichnen! Das war ergreifend und erhebend zugleich, war groß und genial: „Empor aus diesem Kerker!" klang's wie ein einziger Schrei aus dem ganzen Stück, und die Logen so gut wie die Ränge und Galerien verstanden diesen Appell und gaben in lauten Beifallsstürmen sein Echo wider. Achtzehnmal ward Gorki in der Erstaufführung von dem begeisterten Moskau vor den Vorhang gerufen — derselbe Gorki, der zehn Jahre vorher mit dem Bündel auf dem Rücken durch Rußland gewandert war und für sich und seine Wandergenossen um ein Stück Brot angesprochen hatte. Der Ruhm des Dramatikers Gorki war in Rußland begründet.

Das deutsche Theaterleben, dessen geistiges Zentrum unbestritten Berlin war, befand sich um jene Zeit in einer Krisis, die das Werden neuer Ideale, neuer Kunstformen zu versprechen schien. Das unter Otto Brahms Leitung stehende Deutsche Theater hatte als Bühne des strengen Naturalismus mit seinem hauptsächlich von Ibsen, Hauptmann und Schnitzler bestrittenen Repertoire glänzende Siege errungen, aber damit war die Aufgabe eines Theaters, das eine führende Rolle beanspruchte, noch keineswegs erschöpft, und immer lauter tönten rings im Lande die Stimmen, die eine Erweiterung des Programms, eine Reform der üblichen Regie, eine Auffrischung des Bühnenbildes, ohne das Opfer geistiger Werte, verlangten. Das Überbrettl tanzte über die deutsche Bühne und weckte beim Publikum Sinn und Interesse für Neues. Und aus dieser Überbrettl-Bewegung heraus sollte das Neue emporwachsen. Eine Schar von jungen Schauspielern und Poeten, mit dem damals an Brahms Theater tätigen Max Reinhardt an der Spitze, tat sich unter dem Namen „Schall und Rauch“ zu einer Art Brettlgesellschaft zusammen, baute unter den Berliner Linden einen Hotelsaal theatermäßig aus und trat hier mit einem bunten, etwas unruhigen Programm vor das Publikum der Reichshauptstadt. Von den kleinen Brettlscherzen, die anfangs gegeben wurden, ging man bald zum regelrechten Bühnenstück über, und ehe man sich's versehen, hatte Berlin, hatte Deutschland die neue Kunstweise, nach der es so lebhaft verlangte. Das sprudelte nur so von Tatendurst in diesem Künstlerkreise, dem sich bald eine Anzahl „brachliegender“ Talente ersten Ranges anschloß. Überall suchten sie nach Neuem, griffen sie frische, unverbrauchte Motive auf.

Ihnen brachte ich das „Nachtasyl“ — unter den Berliner Linden, mitten zwischen den Palästen der Vornehmen und Reichen, ward diesem Stück poesiefunkelnden Menschheitsjammers eine Stätte bereitet. Am 23. Januar 1903 fand die Erstaufführung statt — eine der denkwürdigsten und erfolgreichsten, die Berlin je gesehen hatte. Einmütig war die Kritik, einmütig das Publikum der Meinung, daß hier der Bühne ein echtes starkes, eigenartiges Dichterwerk geschenkt war, ein Goldfund, wie er nur in Jahren einmal vorkommt. Hier war es nicht mehr die Zeitsensation, die den rauschenden Beifall auslöste, sondern die künstlerische Kraft, die von den Worten des Dichters ausging und von der trefflichen Darstellung des „Kleinen Theaters“, wie die „Schall-und-Rauch“-Bühne sich fortan nannte. Wir geben hier Dr. Paul Legband, dem Historiker der Reinhardtschen Theater, das Wort: „Was an diesen Szenen aus den Tiefen des Volkes“, sagt er, „die Richard Vallentin mit sicherem Blick für das Realistische einstudiert hat, so unheimlich packt, liegt in der Geschlossenheit des Ensembles begründet. Die Schule des von Brahm gepflegten

Naturalismus ist hier zu spüren. Daß Reinhardt, ein zweiter Akim aus Tolstois ‚Macht der Finsternis', den Pilger Luka mit philosophischer Weisheit spricht, Reicher eine glänzende Charakterstudie als verkommener Schauspieler gibt, die Eysoldt von brutaler Echtheit als Dirne Nastja, die Bertens überzeugend als Herbergswirtin ist, daß von Winterstein, der in Gorkis Maske den Pepel spielt, sich glücklich in das Ensemble einführt, daß Hans Wassmann über Nacht ein berühmter Schauspieler wird, dank der ergreifend schlichten Darstellung des Barons — diese Einzelheiten sind es nicht, die den Erfolg ausmachen. Überraschend ist vielmehr — und da geht die Bühne schon einen Schritt über den Naturalismus hinaus — die ungemein feine, verhaltene Stimmungskraft: atemlos folgen die Hörer diesem sozialen Appell an das Mitleid und lauschen der darüber reich gelagerten Romantik, diesem musikalischen Ausklang all des Elends:

‚Wohl steigt die Sonne auf und nieder,
doch dringt sie nicht zu uns herein — — —'"

Abend für Abend geht das Stück vor ausverkauftem Hause in Szene, nach fünf Monaten wird es zum 150., im Oktober 1903 zum 250., im August des nächsten Jahres zum 400. und im Mai 1905 zum 500. Male aufgeführt. Es war ein Erfolg ohnegleichen, der durch glänzende Gastspielvorstellungen des „Kleinen Theaters" in Dresden, Prag, Wien usw. nur gesteigert wurde und auch auf den zahlreichen tüchtigen Provinzbühnen Deutschlands dem „Nachtasyl" die Wege ebnete. Das Gorkische Stück gewann so für die Entwicklung der deutschen Bühne eine ganz besondere Bedeutung, es half sie gleichsam vom naturalistischen Stil der Jahrhundertwende zu einer neuen, freieren, farbigeren Kunstweise hinüberleiten.

In einer Reihe weiterer Dramen — wir nennen hier „Sommergäste", „Kinder der Sonne", „Barbaren", „Die Feinde" — setzte Gorki die herbe Kritik der russischen Gesellschaftszustände tapfer und unentwegt fort. Sie hatten hüben wie drüben ihre Erfolge, das „Nachtasyl" jedoch bedeutet den Höhepunkt seines dramatischen

Schaffens. Als Dichter des „Nachtasyl" ist Gorki dem Publikum vor allem ans Herz gewachsen, diese Szenen und Gestalten aus der Tiefe sind ihm unvergeßlich.

Ich habe den hier angeführten Artikel in dem von mir als Tochter verwalteten Nachlaß meines verstorbenen Vaters gefunden. Was er seinerzeit über das „Nachtasyl" sagte, gilt auch noch heute.

Johanna Scholz-Jahn

PERSONEN

Kostylew, Michail Iwanowitsch, *54 Jahre alt, Herbergswirt*
Wassilissa, *seine Frau, 26 Jahre alt*
Natascha, *ihre Schwester, 20 Jahre alt*
Medwjedew, *Onkel der beiden, Polizist, 50 Jahre alt*
Wasjka Pepel, *28 Jahre alt*
Kleschtsch, Andrej Mitritsch, *Schlosser, 40 Jahre alt*
Anna, *seine Frau, 30 Jahre alt*
Nastja, *ein Mädchen, 24 Jahre alt*
Kwaschnja, *ein Hökerweib, gegen 40 Jahre alt*
Bubnow, *Mützenmacher, 45 Jahre alt*
Satin, *gegen 40 Jahre alt*
Ein Schauspieler, *40 Jahre alt*
Ein Baron, *32 Jahre alt*
Luka, *ein Pilger, 60 Jahre alt*
Aljoschka, *ein Schuhmacher, 20 Jahre alt*
Schiefkopf } *Lastträger, beide gegen 40 Jahre alt*
Ein Tatar }
Ein paar Barfüßler ohne Namen, stumme Personen

ERSTER AKT

Ein höhlenartiger Kellerraum

Die massive, schwere Deckenwölbung ist von Rauch geschwärzt, ihr Kalkbewurf abgefallen. Das Licht fällt vom Zuschauer her auf die Bühne, von oben nach unten, durch ein quadratisches Fenster auf der rechten Seite. Die rechte Ecke wird von Pepels Kammer eingenommen, die durch dünne Scheidewände von dem übrigen Raum abgetrennt ist; neben der Tür, die in diese Kammer führt, befindet sich Bubnows Pritsche. In der linken Ecke ein großer russischer Ofen; in der linken, massiven Wand die Tür zur Küche, in welcher Kwaschnja, der Baron und Nastja wohnen. Zwischen dem Ofen und der Tür an der Wand ein breites Bett, das ein unsauberer Kattunvorhang verbirgt. Überall an den Wänden Pritschen. Im Vordergrund an der Wand links ein Holzklotz mit einem Schraubstock und einem kleinen Amboß, die beide an dem Klotz befestigt sind; vor diesem ein zweiter, kleinerer Holzklotz, auf dem Kleschtsch vor dem Amboß sitzt. Er hat ein paar alte Schlösser in Arbeit, in die er Schlüssel einpaßt. Zu seinen Füßen zwei große Bunde verschiedener Schlüssel, die auf Drahtringe aufgereiht sind, ein verbogener blecherner Samowar, ein Hammer, Feilen. In der Mitte des Raumes ein großer Tisch, zwei Bänke, ein Taburett, alles ohne Anstrich und unsauber. Am Tische Kwaschnja, die sich am Samowar zu schaffen macht und die Wirtin spielt, ferner der Baron, der an einem Stück Schwarzbrot kaut, und Nastja, die auf dem Taburett sitzt, sich mit den Ellbogen auf den Tisch stützt und in einem zerfetzten Buche liest. Auf dem Bett, hinter dem Vorhang, liegt Anna, die man häufig husten hört. Bubnow sitzt auf seiner Pritsche, mißt auf einer Holzform für Mützen, die er zwischen den Knien hält, ein Paar alte, zertrennte Beinkleider ab und überlegt, wie er sie zu Mützen zuschneiden soll. Neben ihm eine zerbrochene Hutschachtel, die er zu Mützenschirmen zerschneidet, Stücke Wachsleinwand, Abfälle.

Satin, der eben erwacht ist, liegt auf der Pritsche und brüllt. Auf dem Ofen liegt, dem Zuschauer unsichtbar, der Schauspieler, man hört ihn husten und hin und her rücken. — Es ist Morgen, im Anfang des Frühlings.

Der Baron. Also weiter!

Kwaschnja. Ne, sag' ich dir, mein Lieber — damit bleib mir hübsch weg! Ich kann ein Lied davon singen, sag' ich dir ... Nicht zehn Pferde bringen mich zum zweitenmal an den Traualtar!

Bubnow *(zu Satin).* Was grunzt du denn?

(Satin brüllt.)

Kwaschnja. Ich um 'ne Mannsperson meine Freiheit verkaufen? Ich mich wieder an 'nen Kerl hängen — wo ich jetzt so dastehe, daß mir keiner was zu sagen hat? Fällt mir nicht im Traum ein! Und wenn's ein Prinz aus Amerika wäre — ich mag ihn nicht haben!

Kleschtsch. Du schwindelst ja!

Kwaschnja. Wa—as?

Kleschtsch. Schwindeln tust du. Den Abramka heiratest du ...

Der Baron *(nimmt Nastja das Buch weg, liest den Titel).* „Verhängnisvolle Liebe" ... *(Lacht.)*

Nastja *(streckt die Hand nach dem Buche aus).* Gib her! ... Gib's zurück! Na ... laß deine Späße!

(Der Baron sieht sie an und fächelt sich dabei mit dem Buche Luft zu.)

Kwaschnja *(zu Kleschtsch).* Du bist es, der schwindelt — rothaariger Ziegenbock du! Wie kannst du so frech mit mir reden?

Der Baron *(gibt Nastja mit dem Buche einen Klaps auf den Kopf).* Bist 'ne dumme Gans, Nastjka ...

Nastja *(nimmt ihm das Buch weg).* Gib her!

Kleschtsch *(zu Kwaschnja).* Was für 'ne große Dame ... Und den Abramka heiratest du doch ... zappelst nur so drauf ...

Kwaschnja. Natürlich! Das fehlte mir grade ... was denn noch? Und du — hast dein Weib da halbtot geprügelt ...

Kleschtsch. Halt's Maul, alte Hexe! Was geht's dich an?

Kwaschnja. Aha! Die Wahrheit kannst du nicht hören!

Der Baron. Jetzt geht's los! Nastja — wo bist du?

Nastja *(ohne den Kopf zu heben).* Was? .. Laß mich in Ruhe!

Anna *(steckt den Kopf hinter dem Bettvorhang hervor).* 's ist schon Tag. Um Gottes willen ... schreit nicht ... zankt euch nicht!

Kleschtsch. Hast wieder Schmerzen?

Anna. Jeden Tag, den Gott gibt, streitet ihr euch ... Laßt mich wenigstens ruhig sterben!

Bubnow. Der Lärm hindert dich doch nicht am Sterben ...

Kwaschnja *(tritt an Annas Lager).* Sag, Mütterchen, wie hast du's nur mit solch einem Schuft aushalten können?

Anna. Laß mich in Frieden ... laß mich ...

Kwaschnja. Nun, nun! Du arme Dulderin! ... Wird's noch immer nicht besser mit deiner Brust?

Der Baron. 's ist Zeit, daß wir auf 'n Markt gehen, Kwaschnja! ...

Kwaschnja. Gleich gehen wir. *(Zu Anna.)* Magst du ein paar heiße Pastetchen?

Anna. Nicht nötig ... ich dank' dir schön. Wozu soll ich noch essen?

Kwaschnja. Iß nur! Heißes Essen tut immer gut — es löst. Ich will sie dir in 'ne Tasse tun und beiseite stellen ... wenn du Appetit bekommst, iß! *(Zum Baron.)* Gehen wir, gnädiger Herr! *(Zu Kleschtsch.)* Hu, du Satan ... *(Ab in die Küche.)*

Anna *(hustet).* O Gott ...

Der Baron *(stößt Nastja leicht in den Nacken).* Wirf doch die Schwarte weg ... närrisches Ding!

Nastja *(murmelt).* Geh schon ... ich bin dir doch nicht im Wege!

(Der Baron pfeift vor sich hin; ab hinter Kwaschnja.)

Satin *(richtet sich von seiner Pritsche auf).* Wer hat mich eigentlich gestern verhauen?

Bubnow. Kann dir das nicht gleich sein?

Satin. Das schon . . . aber was war der Grund?

Bubnow. Habt ihr Karten gespielt?

Satin. Allerdings . . .

Bubnow. Dabei wird's wohl passiert sein . . .

Satin. Diese Schurken!

Der Schauspieler *(auf dem Ofen, den Kopf vorstreckend).* Dich werden sie noch einmal ganz totschlagen . . .

Satin. Meinst du, Tölpel?

Der Schauspieler. „Tölpel?" Wieso?

Satin. Na — zweimal können sie mich doch nicht totschlagen!

Der Schauspieler *(nach kurzem Schweigen).* Versteh' ich nicht — warum können sie das nicht?

Kleschtsch. Kriech vom Ofen runter und räum die Bude auf! Verzärtelst dich viel zu sehr . . .

Der Schauspieler. Das geht dich gar nichts an . . .

Kleschtsch. Wart . . . wenn Wassilissa kommt, die wird's dir besorgen . . .

Der Schauspieler. Der Teufel hole die Wassilissa! Heut muß der Baron aufräumen, er ist dran . . . Baron!

Der Baron *(kommt aus der Küche herein).* Hab' keine Zeit . . . ich muß mit Kwaschnja auf den Markt . . .

Der Schauspieler. Das ist mir ganz gleich . . . Geh meinetwegen zum Henker . . . aber die Stube mußt du ausfegen, du bist an der Reihe . . . Fällt mir nicht ein, mich für andere zu rackern . . .

Der Baron. Na, dann hol dich der Teufel! Nastenjka wird ausfegen . . . He, du — verhängnisvolle Liebe! Wach auf! *(Nimmt Nastja das Buch weg.)*

Nastja *(erhebt sich).* Was willst du? Gib her! Frecher Kerl! Das will 'n feiner Herr sein . . .

Der Baron *(gibt ihr das Buch zurück).* Du, Nastja, feg doch für mich aus — ja?

Nastja *(geht nach der Küche ab).* Das fehlte mir gerade . . . was denn sonst noch?

Kwaschnja *(von der Küche her, durch die Tür, zum*

Baron). So komm doch endlich! Sie werden schon aufräumen, auch ohne dich ... Wenn man dich drum bittet, mußt du's tun, Schauspieler! Wirst dir nicht gleich die Rippen brechen!

Der Schauspieler. Immer ich ... hm ... das versteh' ich nicht ...

Der Baron *(trägt an einem Tragejoch zwei Körbe aus der Küche; in den Körben befinden sich bauchige Töpfe, die mit Zeuglappen bedeckt sind).* 's ist heut recht schwer.

Satin. Es hat sich wirklich verlohnt, daß du als Baron zur Welt gekommen bist!

Kwaschnja *(zum Schauspieler).* Sieh schon zu, daß du ausfegst! *(Ab in den Hausflur, wohin sie den Baron vorausgehen läßt.)*

Der Schauspieler *(kriecht vom Ofen herunter).* Ich darf keinen Staub einatmen ... das schadet mir. *(Selbstbewußt).* Mein Organismus ist mit Alkohol vergiftet ... *(Sitzt nachdenklich auf der Pritsche.)*

Satin. Organon ... Organismus ...

Anna *(zu Kleschtsch).* Andrej Mitritsch ...

Kleschtsch. Was gibt's wieder?

Anna. Die Kwaschnja ... hat Pasteten für mich dagelassen ... geh, iß du sie!

Kleschtsch *(tritt näher an ihr Lager).* Wirst du nicht essen?

Anna. Ich mag nicht ... Wozu soll ich essen? Du arbeitest ... Du mußt essen ...

Kleschtsch. Hast Angst? Hab keine Angst ... vielleicht wird's wieder gut ...

Anna. Geh, iß! Mir ist so schwer ums Herz ... es geht bald zu Ende ...

Kleschtsch *(entfernt sich von ihr).* Nicht doch ... vielleicht — stehst du wieder auf ... 's ist schon vorgekommen! *(Ab in die Küche.)*

Der Schauspieler *(laut, als wenn er plötzlich aus dem Traum erwachte).* Gestern, im Krankenhaus, sagte der Doktor zu mir: Ihr Organismus ist durch und durch mit Alkohol vergiftet ...

Satin *(lächelnd).* Organon ...

Der Schauspieler *(mit Nachdruck).* Nicht Organon, sondern Or-ga-nis-mus ...

Satin. Sigambrer ...

Der Schauspieler *(mit abwehrender Handbewegung).* Ach, Unsinn! Ich rede im Ernst — ja ... Mein Organismus ist vergiftet ... folglich schadet es mir, wenn ich die Stube ausfege ... und den Staub einatme ...

Satin. Makrobiotik ... ha!

Bubnow. Was brummst du da?

Satin. Wörter ... Dann gibt's noch ein Wort: Transzendental ...

Bubnow. Was bedeutet das?

Satin. Weiß nicht ... hab's vergessen ...

Bubnow. Warum sagst du es also?

Satin. So ... Unsere gewöhnlichen Wörter hab' ich satt, mein Lieber! Jedes von ihnen habe ich wenigstens tausendmal gehört ...

Der Schauspieler. „Worte, nichts als Worte", heißt es im „Hamlet". Ein großartiges Stück, der „Hamlet"! ... Ich hab' darin den Totengräber gespielt ...

Kleschtsch *(kommt aus der Küche).* Wirst du nun bald mit dem Besen spielen?

Der Schauspieler. Das geht dich 'nen Quark an ... *(Schlägt sich mit der Faust vor die Brust.)* „Ophelia! Schließ in dein Gebet all meine Sünden ein!"

(Hinter der Szene, irgendwo in der Ferne, läßt sich dumpfes Lärmen und Schreien und der Pfiff eines Polizisten vernehmen, Kleschtsch setzt sich an die Arbeit; man hört das Geräusch seiner Feile.)

Satin. Ich liebe die seltsamen, unverständlichen Wörter ... Als junger Mann ... ich war damals beim Telegraphendienst ... hab' ich viele Bücher gelesen ...

Bubnow. Telegraphist bist du auch gewesen?

Satin. Gewiß! *(Lächelt.)* Es gibt sehr schöne Bücher ... und eine Menge interessanter Wörter ... Ich war ein Mann von Bildung, verstehst du?

Bubnow. Hab's schon gehört ... wohl hundertmal. Was einer war, darauf pfeift die Welt. Ich war zum Beispiel Kürschner ... hab' mein eigenes Geschäft gehabt ... Meine Arme waren ganz gelb — von der Farbe, weißt du, wenn ich die Pelze färbte — ganz gelb, mein Lieber, bis an die Ellbogen 'ran! Ich dachte schon, ich würde sie mein Lebtag nicht mehr rein waschen ... sondern so, mit den gelben Händen, ins Grab steigen ... Na, und jetzt sind sie ... einfach schmutzig ... ja!

Satin. Und was weiter?

Bubnow. Weiter nichts!

Satin. Was willst du damit sagen?

Bubnow. Ich meine nur ... beispielshalber ... Mag sich einer von außen noch so bunt anmalen — es reibt sich alles wieder ab ... alles wieder ab, ja!

Satin. Hm ... Die Knochen tun mir weh!

Der Schauspieler *(sitzt da, die Arme um die Knie geschlungen).* Bildung ist Unsinn, die Hauptsache ist Talent. Ich hab' einen Schauspieler gekannt ... der hat seine Rollen buchstabiert, aber spielen konnte er seine Helden, daß das Theater in den Fugen krachte ... von der Begeisterung des Publikums ...

Satin. Bubnow, gib mir 'nen Fünfer!

Bubnow. Hab' selber nur zwei Kopeken ...

Der Schauspieler. Talent muß ein Heldenspieler haben, das behaupt' ich. Talent — das ist der Glaube an sich selbst, an die eigne Kraft ...

Satin. Gib mir 'nen Fünfer, und ich will dir's glauben, daß du ein Talent, ein Held, ein Krokodil, ein Reviervorsteher bist ... Kleschtsch, gib 'nen Fünfer her!

Kleschtsch. Geh zum Teufel! Da könnte jeder kommen ...

Satin. Schimpf doch nicht gleich! Ich weiß ja, du hast selber nichts ...

Anna. Andrej Mitritsch ... es ist so stickig ... ich krieg' keine Luft ...

Kleschtsch. Was kann ich dazu tun?

Bubnow. Mach die Tür nach dem Hausflur auf!

Kleschtsch. Hast schön reden! Du sitzt auf der Pritsche, und ich auf der Erde... Laß mich mit dir tauschen, dann mach' ich auf . . . Bin ohnedies erkältet...

Bubnow *(in ruhigem Tone)*. Meinetwegen laß es... deine Frau bittet drum...

Kleschtsch *(finster)*. Da könnte jeder kommen...

Satin. Der Schädel brummt mir... äh! Warum sich die Leute nur immer gegenseitig auf die Köpfe schlagen?

Bubnow. Sie schlagen sich nicht bloß auf die Köpfe, sondern auch auf die anderen Körperteile. *(Erhebt sich.)* Ich muß mir Zwirn besorgen... Unsere Wirtsleute lassen sich heut so lange nicht sehen... sind am Ende verreckt!

(Ab. Anna hustet. Satin hat die Hände unter den Nacken geschoben und liegt unbeweglich da.)

Der Schauspieler *(schaut melancholisch um sich und tritt dann auf Anna zu)*. Wie steht's? Schlecht?

Anna. So stickig ist's hier...

Der Schauspieler. Ich führ' dich in den Hausflur, wenn du willst. Steh auf. *(Er hilft der Kranken, die sich vom Lager aufrichtet, wirft ihr ein altes Tuch um die Schultern und stützt sie, während sie in den Hausflur wankt.)* Nun, nun... immer Mut! Auch ich bin ein kranker Mensch... bin mit Alkohol vergiftet. *(Kostylew tritt ein.)*

Kostylew *(in der Tür)*. 'nen Spaziergang machen? Was für ein schmuckes Pärchen — der Bock mit der Zicke!...

Der Schauspieler. Tritt auf die Seite . . . siehst du nicht, daß hier Kranke kommen?

Kostylew. Bitte, geht vorüber. *(Die Melodie eines Kirchenliedes vor sich hinsummend, hält er mißtrauisch Umschau in dem Keller und neigt den Kopf nach links, als wollte er etwas in Pepels Kammer belauschen. Kleschtsch klappert wütend mit den Schlüsseln und feilt heftig darauf los, wobei er den Wirt mit finstern Blicken beobachtet.)* Na, raspelst du fleißig?

Kleschtsch. Was?

Kostylew. Ob du fleißig raspelst, frag' ich . . . *(Pause.)* Hm . . . ja . . . was wollt' ich doch gleich sagen? *(Hastig, mit leiser Stimme.)* War meine Frau nicht da?

Kleschtsch. Hab' sie nicht gesehen . . .

Kostylew *(nähert sich behutsam der Tür von Pepels Kammer).* Wie viel Platz du mir wegnimmst für deine zwei Rubel monatlich! Das Bett dort . . . du selber sitzt ewig hier — n-ja! Wenigstens für fünf Rubel Raum, bei Gott! Ich werde dich um 'nen halben Rubel steigern müssen . . .

Kleschtsch. Leg mir doch gleich 'nen Strick um den Hals . . . und erwürg mich! Wirst bald krepieren, und denkst nur ans Geld machen . . .

Kostylew. Warum soll ich dich erwürgen? Wer hätte davon 'nen Nutzen? Lebe in Gottes Namen und sei vergnügt . . . Ich steigre dich um 'nen halben Rubel, kaufe Öl für die heilige Lampe — und mein Opfer wird brennen vor dem Heiligenbilde . . . zur Vergebung meiner Sünden, und auch der deinigen . . . du selber denkst doch nie an deine Sünden, siehst du . . . Ach, Andrjuschka, was für ein schlechter Kerl bist du doch! Deine Frau hat die Abzehrung gekriegt, so hast du ihr zugesetzt . . . kein Mensch hat dich gern, kein Mensch achtet dich . . . deine Arbeit ist so geräuschvoll, für jedermann störend . . .

Kleschtsch *(schreit).* Bist du gekommen . . . um auf mich loszuhacken? *(Satin brüllt laut.)*

Kostylew *(fährt zusammen).* Ach . . . was fällt dir ein, mein Lieber?

Der Schauspieler *(kommt herein).* Im Hausflur hab' ich sie untergebracht, die arme Frau . . . hab' sie hübsch eingemummelt . . .

Kostylew. Was für ein guter Mensch du bist! Sehr löblich von dir . . . wird dir alles vergolten werden . . .

Der Schauspieler. Wann?

Kostylew. Im Jenseits, Brüderchen . . . Dort wird über alles, über jede unserer Handlungen genau Rechnung geführt . . .

Der Schauspieler. Wie wär's, wenn du mich schon hier für mein gutes Herz belohntest?

Kostylew. Wie könnt' ich das?

Der Schauspieler. Laß mir die Hälfte von meiner Schuld nach ...

Kostylew. He, he! Mußt immer deine Späßchen machen, kleiner Schäker, immer necken! ... Kann man Herzensgüte überhaupt mit Geld bezahlen? Herzensgüte steht höher als alle Schätze dieser Welt. Na, und deine Schuld — ist eben eine Schuld. Die mußt du einfach begleichen ... Herzensgüte mußt du mir altem Manne unentgeltlich erweisen ...

Der Schauspieler. Bist 'n Filou, alter Mann ... *(Ab in die Küche.)*

(Kleschtsch erhebt sich und geht in den Hausflur.)

Kostylew *(zu Satin)*. Wer ging da eben fort? Der Raspler? Er kann mich nicht leiden, hehe ...

Satin. Wer könnte dich leiden — außerm Teufel ...

Kostylew *(lächelt spöttisch)*. Du mußt nicht gleich schimpfen! Ich hab' euch doch alle so gern ... meine lieben Brüderchen, ihr meine Galgenvögel und Taugenichtse ... *(Plötzlich, rasch.)* Sag mal ... ist Wasjka zu Hause?

Satin. Sieh nach ...

Kostylew *(geht nach der Tür von Wasjkas Kammer und klopft)*. Wasjka!

(Der Schauspieler erscheint in der Tür, die nach der Küche führt; er kaut irgend etwas.)

Pepel. Wer ist da?

Kostylew. Ich bin's ... ich, Wasjka ...

Pepel. Was willst du?

Kostylew *(zurücktretend)*. Mach mal auf ...

Satin *(ohne Kostylew anzusehen)*. Er würde schon aufmachen, aber ... sie ist drin ...

(Der Schauspieler räuspert sich.)

Kostylew *(unruhig, leise)*. He? Wer ist drin? Was ... sagst du?

Satin. Hm? Sprichst du zu mir?

Kostylew. Was sagtest du?

S a t i n. Nichts weiter ... nur so .. für mich ...

K o s t y l e w. Nimm dich in acht, mein Lieber! Laß deine Späße ... ja! *(Klopft laut an die Tür.)* Wassili! ...

P e p e l *(öffnet die Tür)*. Na? Warum störst du mich?

K o s t y l e w *(guckt in Pepels Kammer)*. Ich wollte dir nämlich ... verstehst du ...

P e p e l. Hast du das Geld gebracht?

K o s t y l e w. Ich möchte mit dir was besprechen ...

P e p e l. Hast du das Geld gebracht?

K o s t y l e w. Was für Geld? Erlaub doch mal ...

P e p e l. Die sieben Rubel für die Uhr — na?

K o s t y l e w. Für welche Uhr, Wasjka? ... Ach, du ...

P e p e l. Sieh dich vor, du! Nur keine Winkelzüge! Ich hab' dir gestern unter Zeugen eine Taschenuhr verkauft, für zehn Rubel ... Drei hab' ich bekommen, die übrigen sieben verlang' ich jetzt. Nur 'raus damit! Was blinkerst du denn so? Schleicht hier 'rum, beunruhigt die Leute ... und vergißt die Hauptsache ...

K o s t y l e w. Ss-st! Nicht gleich so böse, Wasjka ... Die Taschenuhr war doch ...

S a t i n. Gestohlen ...

K o s t y l e w *(streng)*. Ich kaufe niemals gestohlene Sachen ... wie kannst du ...

P e p e l *(faßt ihn an der Schulter)*. Sag mal — was belästigst du mich? Was willst du von mir?

K o s t y l e w. Ich ... gar nichts ... ich geh' schon ... wenn du so bist.

P e p e l. Scher dich fort, hol das Geld!

K o s t y l e w *(im Abgehen)*. Ist das ein grobes Volk! Oh, oh!

D e r S c h a u s p i e l e r. Die richtige Komödie!

S a t i n. Sehr gut! So hab' ich's gern ...

P e p e l. Was wollte er hier eigentlich?

S a t i n *(lachend)*. Das hast du noch nicht begriffen? Seine Frau sucht er ... Sag mal, Wassili — warum bringst du den Kerl nicht um die Ecke?

P e p e l. Um so 'nen Schuft mein Leben verpfuschen? Nee ...

S a t i n. Mußt es natürlich schlau anfangen. Heiratest

dann die Wassilissa . . . und wirst unser Herbergsvater . . .

Pepel. Da hätt' ich mal was Rechtes! Ihr würdet meine ganze Wirtschaft versaufen, und mich selber dazu . . . bin viel zu gutherzig für euch . . . *(Setzt sich auf die Pritsche.)* So 'n alter Satan! Weckt mich aus 'm besten Schlaf auf . . . Ich hatte grade so 'nen schönen Traum: ich träumte, daß ich angelte, und mit einemmal saß mir 'n mächtiger Blei an der Angel! Ein Blei, sag' ich euch . . . nur im Traume gibt's solche Riesenkerle . . . Ich zieh' und zieh' ihn und hab' Angst, daß die Schnur reißt . . . und wie ich eben mit 'nem Handnetz zufassen will, da . . . mit einemmal . . .

Satin. . . . war's gar kein Blei, sondern die Wassilissa . . .

Der Schauspieler. Die ist ihm schon längst ins Netz gegangen . . .

Pepel *(ärgerlich)*. Schert euch zum Teufel . . . mit eurer Wassilissa!

Kleschtsch *(kommt aus dem Hausflur)*. Ist das 'ne Hundekälte . . .

Der Schauspieler. Warum hast du die Anna nicht 'reingeführt? Die erfriert ja draußen . . .

Kleschtsch. Nataschka hat sie zu sich in die Küche genommen . . .

Der Schauspieler. Der Alte wird sie 'rauswerfen . . .

Kleschtsch *(setzt sich an seine Arbeit)*. Nataschka wird sie schon herbringen . . .

Satin. Wassili, spendier mal 'nen Fünfer . . .

Der Schauspieler *(zu Satin)*. Ach was, 'nen Fünfer! Wassja, gib uns 'nen Zwanziger . . .

Pepel. Ich muß mich beeilen . . . sonst verlangt ihr noch 'nen ganzen Rubel! . . . da! *(Gibt dem Schauspieler ein Geldstück.)*

Satin. Giblartarr! 's gibt keine besseren Menschen auf der Welt als die Diebe!

Kleschtsch. Die kommen auf leichte Art zu Gelde . . . Sie arbeiten nicht . . .

S a t i n. Zu Gelde kommen viele auf leichte Art, aber nicht viele können sich auf leichte Art davon trennen ... Arbeit! Richt es so ein, daß die Arbeit mir Freude macht, dann werde ich vielleicht auch arbeiten ... ja! Vielleicht! Ist die Arbeit ein Vergnügen — dann ist das Leben schön! Ist die Arbeit aber erzwungen — dann wird das Leben zur elenden Sklaverei! *(Zum Schauspieler.)* Komm, Sardanapal! Wir wollen gehen ...

D e r S c h a u s p i e l e r. Komm, Nebukadnezar! Ich will mich betrinken — wie vierzigtausend Säufer ... *(Beide ab.)*

P e p e l *(gähnt)*. Na, was macht deine Frau?

K l e s c h t s c h. Es geht zu Ende, scheint's ... *(Pause.)*

P e p e l. Wenn ich dir so zuseh' — kommt deine ganze Raspelei mir zwecklos vor ...

K l e s c h t s c h. Was soll ich denn sonst tun?

P e p e l. Gar nichts ...

K l e s c h t s c h. Wovon soll ich leben?

P e p e l. Sieh dir andre Leute an — die quälen sich nicht und leben doch!

K l e s c h t s c h. Andre Leute? Meinst wohl das Lumpenpack hier, die Gauner und Tagediebe ... nette Leute, das! 'ne Schande ist's, wenn man's so mit ansieht ... Ich bin ein Mensch, der arbeitet ... von Kindesbeinen an hab' ich gearbeitet ... Meinst du, ich krabble mich nicht mehr 'raus aus dem Loche hier? Ganz gewiß tu' ich's — und wenn meine Haut dabei in Fetzen geht, aber 'raus muß ich ... Laß nur erst meine Frau sterben ... Ein halbes Jahr hab' ich hier zugebracht ... und mir ist's, als wären es sechs Jahre gewesen ...

P e p e l. Rede keinen Unsinn ... Hast vor keinem etwas voraus ... von allen, die hier leben ...

K l e s c h t s c h. Vor keinem was voraus! Keine Ehre haben die, kein Gewissen ...

P e p e l *(in gleichgültigem Tone)*. Was brauchen sie Ehre und Gewissen? Die ersetzen ihnen die Stiefel nicht, wenn sie im Winter frieren ... Ehre und Gewissen brauchen jene, die Macht und Gewalt haben ...

Bubnow *(tritt ein).* Hu-uh! Bin ich durchgefroren!
Pepel. Sag mal, Bubnow — hast du ein Gewissen?
Bubnow. Wa-as? Ein Gewissen?
Pepel *(bejahend).* Hm ...
Bubnow. Was brauch' ich ein Gewissen? Ich bin kein reicher Mann ...
Pepel. Das sag' ich auch: Ehre und Gewissen sind nur für die Reichen nötig, ja! — Und Kleschtsch ist eben über uns hergezogen: wir hätten kein Gewissen, sagt er ...
Bubnow. Wollt' er sich eins von uns borgen?
Pepel. Hat selber genug von dem Zeug ...
Bubnow. Also willst du's verkaufen? Na, hier wird dir's niemand abnehmen. Ja, wenn's zerbrochene Pappschachteln wären, die würde ich kaufen ... aber auch nur auf Pump ...
Pepel *(in belehrendem Tone zu Kleschtsch).* Bist 'n dummer Kerl, Andrjuschka! Solltest mal hören, wie Satin übers Gewissen denkt ... oder der Baron ...
Kleschtsch. Ich mag's gar nicht wissen ...
Pepel. Die haben mehr weg als du ... wenn sie auch Säufer sind ...
Bubnow. Ein kluger Kerl, der säuft, ist das Doppelte wert ...
Pepel. Satin sagt: Jeder Mensch will, daß sein Nachbar ein Gewissen habe — ihm selbst aber ist's unbequem ... Und das stimmt ...
(Natascha tritt ein. Hinter ihr Luka, mit einem Wanderstab in der Hand, einem Ranzen auf dem Rücken, einem kleinen Kessel und einer Teekanne am Gürtel.)
Luka. Guten Tag, ihr ehrbaren Leute!
Pepel *(sich den Schnurrbart streichend).* A-ah! Natascha!
Bubnow *(zu Luka).* Ehrbar waren wir mal, aber seit vorvergangenem Frühjahr ...
Natascha. Hier — ein neuer Mietsmann ...
Luka *(zu Bubnow).* Hat nichts zu sagen! Ich weiß auch Spitzbuben zu achten — ein Floh, mein' ich, ist so gut wie der andere: alle sind schwarz, und alle hopsen ...

so ist's. Wo soll ich mich hier einquartieren, meine Liebe?

Natascha *(zeigt auf die Tür zur Küche)*. Geh da hinein, Großväterchen ...

Luka. Danke, meine Tochter. Ist mir recht ... Ein warmes Eckchen — das ist für einen alten Mann die Hauptsache ... da fühlt er sich heimisch ...

Pepel. Was für 'n spaßigen Graubart haben Sie uns da hergebracht, Natascha?

Natascha. Spaßiger ist er schon als Sie ... *(Zu Kleschtsch.)* Andrej, deine Frau ist bei uns in der Küche ... hol sie nach 'ner Weile.

Kleschtsch. Schon gut ... ich hole sie dann ...

Natascha. Sei nur recht gut gegen sie ... es dauert ja nicht mehr lange ...

Kleschtsch. Ich weiß es ...

Natascha. Du weißt es ... das ist nicht genug! Mach dir nur klar, was das heißt: sterben ... Schrecklich ist's ...

Pepel. Ich fürcht' mich nicht vorm Sterben ...

Natascha. Freilich ... wer so tapfer ist ...

Bubnow *(läßt einen Pfiff ertönen)*. Der Zwirn taugt gar nichts ...

Pepel. Ich fürchte mich wirklich nicht! Auf der Stelle will ich sterben! Nehmen Sie ein Messer und stechen Sie mich ins Herz — nicht 'nen Laut geb' ich von mir! Mit Freuden sterb' ich sogar ... von einer reinen Hand ...

Natascha *(während sie abgeht)*. Machen Sie andern was weis! ...

Bubnow *(gedehnt)*. Der Zwirn ist wirklich nicht zu brauchen ...

Natascha *(von der Tür her, die nach dem Hausflur führt)*. Vergiß deine Frau nicht, Andrej!

Kleschtsch. Schon gut!

Pepel. Ein prächtiges Mädel ...

Bubnow. An dem Mädel ist nichts auszusetzen ...

Pepel. Warum sie nur ... so sonderbar gegen mich ist? Will nichts von mir wissen ... Hier muß sie zugrunde gehen ...

Bubnow. Dafür wirst du schon sorgen ...

Pepel. Ich? Wieso ich? Mir tut sie leid ...

Bubnow. Wie das Lamm dem Wolfe ...

Pepel. Schwatz nicht! Sie tut mir wirklich ... sehr leid ... Hat's hier nicht gut ... ich seh's doch ...

Kleschtsch. Wenn dich Wassilissa mit ihr sieht ... dann geht's dir schlecht ...

Bubnow. Ja, die Wassilissa! Die läßt sich die Butter nicht vom Brot nehmen ... ein Mordsweib ...

Pepel *(streckt sich auf der Pritsche aus)*. Hol' euch beide der Teufel, ihr ... Propheten!

Kleschtsch. Wart's ab ... wirst ja sehen ...

Luka *(in der Küche, stimmt ein Lied an)*.

„Mitten in der dunklen Nacht
Ist kein Pfad, kein Weg zu schauen ..."

Kleschtsch *(geht in den Hausflur)*. Nu fängt der an zu heulen ... das fehlte noch ...

Pepel. Ich langweile mich ... Wie kommt das? Man lebt, lebt, alles geht gut — und mit einemmal ist's, als wär' einem der Frost in die Glieder gefahren: man langweilt sich ...

Bubnow. Du langweilst dich? Hm ...

Pepel. Ja ...

Luka *(in der Küche, singt)*.
„Ist kein Pfad, kein Weg zu schauen ..."

Pepel. Heda! Du, Alter!

Luka *(sieht durch die Tür herein)*. Meinst du mich?

Pepel. Ja, dich mein' ich. Laß das Singen!

Luka *(tritt näher)*. Hörst du nicht gern singen?

Pepel. Wenn gut gesungen wird, hör' ich's gern ...

Luka. Ich singe also nicht gut? ...

Pepel. 's ist nicht weit her ...

Luka. Sieh doch! Und ich dachte, daß ich sehr schön singe. So geht's aber immer: der Mensch denkt bei sich, das hast du gut gemacht! Und den Leuten gefällt's nicht ...

Pepel *(lachend)*. Das stimmt ...

Bubnow. Nanu? Du lachst ja! Und dabei sagst du, du langweilst dich!

Pepel. Was willst du? Alter Rabe ...

Luka. Wer langweilt sich?

Pepel. Ich ... *(Der Baron tritt ein.)*

Luka. Sieh doch an! Und dort, in der Küche, sitzt ein Mädchen, liest in einem Buche und weint! Wahrhaftig! Ihre Tränen fließen nur so ... Ich frage sie: Was fehlt dir, meine Liebe — je? Und sie meint: Sie tun mir so leid ... Wer denn? frag' ich sie ... Na, hier im Buche die Leute, sagt sie ... Mit so was verbringt nun ein Mensch seine Zeit, was? Auch aus Langerweile, scheint's ...

Der Baron. Die ist ja närrisch ...

Pepel. Hast du schon Tee getrunken, Baron?

Der Baron. Allerdings ... was weiter?

Pepel. Soll ich 'ne Flasche Schnaps zum besten geben?

Der Baron. Versteht sich ... was weiter?

Pepel. Kriech auf allen vieren und belle wie ein Hund!

Der Baron. Dummkopf! Bist du ein Protz, ein Kaufmann? Oder bist du bezecht?

Pepel. Na, so bell schon! Es wird mir Spaß machen ... Bist ein Herr ... 's gab mal 'ne Zeit, wo du unsereinen nicht für 'nen Menschen ansahst ...

Der Baron. Na — und was weiter?

Pepel. Was weiter? Na, und jetzt werd' ich dich wie 'nen Hund bellen lassen. Wirst doch bellen, was?

Der Baron. Meinetwegen ... Tölpel! Wie dir das nur Spaß machen kann ... wo ich doch selbst weiß, daß ich womöglich noch tiefer gesunken bin als du ... Hättest es mal früher versuchen sollen, mich auf allen vieren kriechen zu lassen ... damals, als ich noch nicht deinesgleichen war ...

Bubnow. Hast recht!

Luka. Auch ich meine: so ist's richtig ...

Bubnow. Was gewesen ist, ist gewesen. Übrig geblieben ist nicht viel davon ... hier kennen wir keine Herren ... der Putz ist weg, nur der nackte Mensch ist geblieben ...

L u k a. Alle sind gleich, heißt das ... Du warst also mal ein Baron, mein Lieber?

D e r B a r o n. Was ist denn das für'n Kerl? Wer bist du, alter Kauz?

L u k a *(lacht)*. Einen Grafen hab' ich schon gesehen, und auch einen Fürsten ... einen Baron seh' ich zum erstenmal, und auch nur einen verkommenen ...

P e p e l *(lacht)*. Hahaha! Du hast mich verlegen gemacht, Baron ...

D e r B a r o n. Sei vernünftig, Wassili ...

L u k a. Ei, Ei, meine Lieben! Wenn ich's mir so anseh' ... Euer Leben hier ... hm ...

B u b n o w. Ein Leben, sag' ich dir ... heulen könnte man, schon vom frühen Morgen an ...

D e r B a r o n. Gewiß, man hat's schon besser gehabt! Ich zum Beispiel ... wenn ich früh erwachte, trank ich meinen Kaffee im Bett. Kaffee mit Sahne ... ja!

L u k a. Und warst doch nur 'n Mensch wie alle andern! Was du auch anstellst, wie du dich auch aufspielst — als Mensch bist du geboren und wirst als Mensch sterben ... Immer klüger, seh' ich, werden die Leute, immer spaßiger — — — leben immer schlechter und wollen's doch immer besser haben ... die Trotzköpfe!

D e r B a r o n. Sag mal, Alter — wer bist du eigentlich? Woher kommst du?

L u k a. Wer? Ich?

D e r B a r o n. Bist wohl ein Pilger?

L u k a. Wir alle sind Pilger hier auf Erden ... Man sagt sogar, hab' ich gehört, daß auch unsere Erde nur 'ne Pilgerin ist im Himmelsraum ...

D e r B a r o n *(streng)*. Das stimmt; aber nun sag mal ... hast du einen Paß?

L u k a *(zögernd)*. Wer bist du? Ein Geheimpolizist?

P e p e l *(lebhaft)*. Gut gesagt, Alter! Was, Baronchen, der Hieb sitzt?

B u b n o w. Hast dein Fett weg, gnädiger Herr ...

D e r B a r o n *(verlegen)*. Was denn? Ich spaße doch nur, Alter! Hab' selber keine Papiere, mein Lieber ...

B u b n o w. Lüg doch nicht!

D e r B a r o n. Das heißt . . . ich hab' wohl Papiere . . . aber sie sind für die Katze . . .

L u k a. So ist es mit allen Papieren . . . sind alle für die Katze . . .

P e p e l. Komm, Baron! Wollen einen auf 'n Durst nehmen . . .

D e r B a r o n. Ich bin dabei. Auf Wiedersehen, Alter . . . bist 'n Schelm!

L u k a. Kann schon sein, mein Lieber . . .

P e p e l *(an der Tür zum Hausflur)*. Na, so komm schon . . . *(Ab. Der Baron folgt ihm rasch.)*

L u k a. Ist der Mensch wirklich ein Baron gewesen?

B u b n o w. Wer mag's wissen? Von Herrenstande ist er, das ist sicher. Möcht' auch heut noch manchmal den Herrn 'rausbeißen. Hat sich's noch nicht abgewöhnt, scheint's.

L u k a. 's ist mit dem Herrentum wie mit den Pokken . . . der Mensch übersteht's, aber die Narben bleiben . . .

B u b n o w. Ist sonst 'n guter Kerl . . . Nur daß er öfter mal patzig wird . . . wie vorhin, wegen deines Passes . . .

A l j o s c h k a *(kommt betrunken herein, mit einer Harmonika unterm Arm; er pfeift)*. Heda, ihr Schlafburschen!

B u b n o w. Was brüllst du denn?

A l j o s c h k a. Entschuldigt nur . . . verzeiht! Ich bin 'n gemütlicher Junge . . .

B u b n o w. Wieder mal durchgegangen?

A l j o s c h k a. Aber gehörig! Eben hat mich der Wachtmeister Mjedjakin von der Wache fortgejagt — „Daß du dich auf der Straße nicht sehen läßt!“ sagt er — „sonst wehe dir!“ Na, ich bin doch 'n Kerl von Charakter . . . Der Meister rüffelt mich natürlich . . . Pah! Was ich mir aus 'm Meister mache! Der kann mich sonstwo suchen, der Saufsack . . . Ich bin 'n Mensch, der . . . überhaupt keinen Wunsch hat! Gar nichts will — abgemacht, basta! Da, nimm mich hin — für einen Rubel zwanzig kannst du mich kaufen! Und ich will überhaupt nichts haben. *(Nastja kommt aus der Küche herein.)* Gib mir 'ne Million — ich w—will sie nicht! Und daß 'n Saufsack, der nicht mehr ist als ich, mich guten Kerl kommandiert — das will ich nicht! Ich leid's nicht!

(Nastja ist an der Tür stehengeblieben und sieht kopfschüttelnd auf Aljoschka.)

Luka *(gutmütig)*. Ach, Junge, was schwatzt du für Zeug...

Bubnow. Zu dumme Kerle gibt's ...

Aljoschka *(streckt sich auf den Fußboden hin)*. Da, friß mich! Und ich will gar nichts haben. Ich bin ein ganz toller Bursche! Erklärt mir doch mal: bin ich schlechter als die andern? Warum sollt' ich schlechter sein? Seht ihr! Mjedjakin sagt: „Zeig dich nicht auf der Straße, sonst gibt's was in die Schnauze!" Ich geh' aber doch... quer über die Straße leg' ich mich: da, fahrt mich tot! Ich — will gar nichts haben!...

Nastja. Unglücklicher!... So jung, und macht sich so mausig...

Aljoschka *(erblickt sie und kniet vor ihr nieder)*. Mein Fräulein! Mamsell! Parlez français ... Preis-Courant! Ich hab' einen Affen...

Nastja *(flüstert laut)*. Wassilissa!

Wassilissa *(öffnet rasch die Tür, zu Aljoschka)*. Bist du schon wieder hier?

Aljoschka. Guten Morgen! Bitte, treten Sie näher...

Wassilissa. Ein für allemal hab' ich dir's Haus verboten, du Köter — und du kommst doch wieder her?

Aljoschka. Wassilissa Karpowna — soll ich dir mal ... einen Trauermarsch vorspielen?

Wassilissa *(stößt ihn gegen die Schulter)*. Fort! Hinaus!

Aljoschka *(sich der Tür nähernd)*. Nein — nicht so! Erst den Trauermarsch... hab' ihn erst neulich gelernt! Ganz frische Musik... wart mal... So geht's nicht!

Wassilissa. Ich werde dir zeigen, ob's so geht...

die ganze Straße hetz' ich auf dich ... verdammter Klätscher ... So 'n grüner Bengel ... wird mich vor den Leuten schlecht machen ...

Aljoschka *(läuft hinaus)*. Na, ich geh' ja schon ...

Wassilissa *(zu Bubnow)*. Daß er nicht wieder seinen Fuß hierher setzt! Hörst du?

Bubnow. Ich bin doch hier nicht als Wächter angestellt ...

Wassilissa. Was du bist, geht mich gar nichts an. Nur vergiß nicht, daß du hier aus Gnade lebst! Wieviel schuldest du mir?

Bubnow *(ruhig)*. Hab's nicht zusammengerechnet ...

Wassilissa. Daß ich's nicht zusammenrechne!

Aljoschka *(öffnet die Tür und schreit)*. Wassilissa Karpowna! Ich hab' keine Angst vor dir ... gar keine Angst! *(Versteckt sich.)*

(Luka lacht.)

Wassilissa. Wer bist du denn?

Luka. Ein Wandersmann ... von Ort zu Ort zieh' ich ...

Wassilissa. Willst du nächtigen oder wohnen bleiben?

Luka. Will noch sehen ...

Wassilissa. Den Paß her!

Luka. Kannst ihn haben ...

Wassilissa. Gib her!

Luka. Ich gebe ihn dir schon ... nach der Wohnung trag' ich dir ihn hin ...

Wassilissa. Ein Wandersmann ... siehst mir danach aus! Sag lieber gleich ein Landstreicher ... das wird eher stimmen ...

Luka *(mit einem Seufzer)*. Ach, du bist nicht sehr freundlich, Mütterchen ...

(Wassilissa geht nach der Tür, die zu Pepels Zimmer führt.)

Aljoschka *(guckt aus der Küche herein, flüsternd)*. Ist sie fort? Hm?

Wassilissa *(wendet sich nach ihm um)*. Bist du noch immer da?

(Aljoschka versteckt sich und pfeift. Nastja und Luka lachen.)

Bubnow *(zu Wassilissa).* Er ist nicht da ...

Wassilissa. Wer?

Bubnow. Na, Wasjka ...

Wassilissa. Hab' ich dich nach ihm gefragt?

Bubnow. Ich seh' doch, wie du in alle Ecken guckst ...

Wassilissa. Nach der Ordnung seh' ich, verstanden? Warum habt ihr noch nicht ausgefegt? Wie oft hab' ich's gesagt, daß ihr die Bude rein halten sollt?

Bubnow. Der Schauspieler ist heut dran ...

Wassilissa. Das ist mir ganz gleich, wer dran ist! Wenn die Sanitätsleute kommen und mich in Strafe nehmen, jag' ich euch alle zum Teufel.

Bubnow *(gelassen).* Und wovon wirst du leben?

Wassilissa. Daß mir kein Stäubchen liegenbleibt! *(Geht nach der Küche. Zu Nastja.)* Und du — was stehst du hier herum? Wovon ist deine Fratze so geschwollen? Was starrst du so blöde drein? Feg aus! Hast du nicht ... die Natalija gesehen? Ist sie hier gewesen?

Nastja. Ich weiß nicht ... hab' sie nicht gesehn ...

Wassilissa. Bubnow! War meine Schwester da?

Bubnow. Sie hat doch den Alten hergebracht ...

Wassilissa. Und er ... war er zu Hause?

Bubnow. Wassili? Gewiß ... Mit Kleschtsch hat sie gesprochen ... die Natalija ...

Wassilissa. Ich frag' dich nicht, mit wem sie gesprochen hat. Überall liegt Schmutz ... faustdicker Schmutz! Ach, ihr ... Schweine! Daß ihr mir hier Ordnung macht ... hört ihr? *(Rasch ab.)*

Bubnow. Die hat 'ne Portion Bosheit in sich!

Luka. Ein böses Frauchen ...

Nastja. Bei dem Leben muß ja eins verrohen! An solch einen Mann gebunden zu sein — das soll ein Mensch aushalten!

Bubnow. Na, gar so fest fühlt sie sich nicht gebunden ...

Luka. Ist sie immer so ... bissig?

Bubnow. Immer ... Sie wollte hier ihren Liebsten besuchen, verstehst du, und der ist nicht da ...

Luka. So, drum der Ärger ... Ach ja! Was doch für Volk auf Erden 'rumkommandiert! ... Auf jede Art suchen sie die Menschen einzuschüchtern — und doch schaffen sie keine Ordnung im Leben ... keine Sauberkeit ...

Bubnow. Ordnung möchten sie wohl schaffen, doch die nötige Vernunft fehlt! ... Das heißt ... ausfegen müssen wir schließlich ... Nastja! ... willst du's nicht tun?

Nastja. Das fehlte mir gerade! Ich bin doch nicht euer Stubenmädel ... *(Schweigt ein Weilchen.)* Betrinken will ich mich heut ... tüchtig betrinken!

Bubnow. Das ist mal was Gescheites!

Luka. Warum willst du dich denn betrinken, meine Tochter? Vorhin hast du geweint, und jetzt sagst du, du willst dich betrinken ...

Nastja *(herausfordernd)*. Und wenn ich mich betrunken habe, werde ich wieder weinen ... Nun weißt du's!

Bubnow. Viel Sinn hat's nicht ...

Luka. Aber was für 'ne Ursache hast du denn, sag mal? Alles hat doch eine Ursache, selbst der kleinste Pickel im Gesicht!

(Nastja schweigt und schüttelt den Kopf.)

Luka. Ei, ei! Seid ihr Menschen ... Was soll aus euch werden? Na, ich will mal ausfegen ... Wo habt ihr 'nen Besen?

Bubnow. Im Hausflur, hinter der Tür ...

(Luka ab in den Hausflur.)

Bubnow. Sag mal, Nastenjka ...

Nastja. Hm?

Bubnow. Warum ist denn Wassilissa über den Aljoschka so hergefallen?

Nastja. Er hat erzählt, daß Wasjka sie nicht mehr mag ... daß er auf Natascha ein Auge geworfen hat ... Ich zieh' hier fort, such' mir ein andres Quartier ...

Bubnow. Warum denn?

Nastja. Es paßt mir nicht mehr ... Ich bin hier überflüssig ...

Bubnow *(gelassen)*. Wo wärst du nicht überflüssig? Schließlich sind wir alle hier auf Erden überflüssig ...

(Nastja schüttelt den Kopf. Sie erhebt sich und geht still in den Hausflur. Medwjedew tritt ein, hinter ihm Luka mit dem Besen.)

Medwjedew *(zu Luka)*. Sag mal — wer bist du? Ich kenne dich nicht.

Luka. Kennst du denn sonst alle Leute?

Medwjedew. In meinem Revier muß ich jeden kennen — und ich kenn' dich nicht ...

Luka. Das kommt wohl daher, Onkelchen, daß dein Revier nicht die ganze Erde umfaßt ... 's ist da noch ein Endchen draußen geblieben ... *(Ab in die Küche.)*

Medwjedew *(tritt auf Bubnow zu)*. Das stimmt, mein Revier ist nicht groß . . . und der Dienst ist schlimmer als in manchen großen ... Eben, wie ich abgelöst werden sollte, hab' ich den Schuster Aljoschka eingelocht ... Legt sich der Kerl, verstehst du, quer über die Straße, spielt auf seiner Harmonika und brüllt: Nichts will ich haben, nichts wünsch' ich! Und von beiden Seiten kommen Wagen, und überhaupt ... ein Trubel ... wie leicht kann der Mensch überfahren werden, oder sonst was ... Ein toller Bengel ... Na, ich hab' ihn natürlich gleich vorgeführt ... er treibt's zu bunt ...

Bubnow. Kommst du abends heran ... auf 'ne Partie Dame?

Medwjedew. Ich komme. Hm — ja ... und was macht denn ... Wasjka?

Bubnow. Was soll er machen? ... Was er immer macht ...

Medwjedew. Er lebt wohl ... seinen guten Tag?

Bubnow. Warum soll er nicht? Wenn er's dazu hat ...

Medwjedew *(zweifelnd)*. So, so ... er hat's dazu? *(Luka geht in den Hausflur, mit einem Eimer in der Hand.)* Hm — ja ... es geht hier so das Gerücht ... von wegen des Wasjka ... hast du nichts gehört?

B u b n o w. Ich hab' allerhand gehört ...

M e d w j e d e w. Von wegen Wassilissa, daß er ... hast du nichts bemerkt?

B u b n o w. Was?

M e d w j e d e w. So ... im allgemeinen ... du weißt es schon, willst es bloß nicht sagen. Es ist doch schon bekannt ... *(Streng.)* Nur nicht flunkern, mein Lieber!

B u b n o w. Warum sollt' ich flunkern?

M e d w j e d e w. Na, ich dächte auch ... Ach, die Hunde ... Sie erzählen nämlich, daß Wasjka mit der Wassilissa ... sozusagen ... Na, was geht's mich an? Ich bin ja nicht ihr Vater, sondern nur ... ihr Onkel ... Mich kann's also nicht treffen, wenn sie drüber lachen ... *(Kwaschnja tritt ein.)* Ein freches Pack ... Ah! Du bist gekommen ...

K w a s c h n j a. Mein lieber Stadtsoldat! Denk dir, Bubnow, er hat mir eben auf dem Markte wieder 'nen Antrag gemacht ...

B u b n o w. Los doch ... was zauderst du noch? Er hat Geld, ist noch 'n recht schneidiger Kerl ...

M e d w j e d e w. Ich? Na und ob!

K w a s c h n j a. Ach, du alter Grauschimmel! Nein, damit komm mir ja nicht! Die Dummheit begeht man nur einmal im Leben. Heiraten heißt für 'ne Frau soviel, wie im Winter ins Wasser springen: hat sie's einmal getan — dann denkt sie ihr Lebtag dran.

M e d w j e d e w. Erlaube mal ... die Männer sind doch nicht alle gleich ...

K w a s c h n j a. Ich bleibe mir aber immer gleich! Als mein lieber Gatte — der Teufel mag ihn holen — damals verreckte, bin ich vor lauter Freude den ganzen Tag nicht aus dem Hause gegangen: ganz allein saß ich da und konnte an so viel Glück gar nicht glauben ...

M e d w j e d e w. Warum hast du's gelitten, daß dein Mann dich prügelte? Hättest dich auf der Polizei beschweren sollen ...

K w a s c h n j a. Beim Herrgott hab' ich mich beschwert, acht Jahre lang — aber's half nichts!

Medwjedew. Jetzt ist's verboten, die Weiber zu prügeln ... Jetzt geht's in allem streng nach Gesetz und Ordnung ... Niemanden darf man so ohne weiteres prügeln ... Geprügelt wird nur, wo's die Ordnung verlangt ...

Luka *(führt Anna herein)*. Na, siehst du — da wären wir ja ... Ach, du Ärmste! Wie kannst du nur so allein herumgehen, in dem Zustand? Wo ist denn dein Platz?

Anna *(zeigt nach ihrem Lager)*. Danke, Großväterchen ...

Kwaschnja. Da habt ihr 'ne verheiratete Frau ... seht sie euch an!

Luka. So'n armes, schwaches Ding ... Kriecht ganz allein im Hausflur 'rum, stützt sich gegen die Wand — und stöhnt in einem fort ... Warum laßt ihr sie denn allein heraus?

Kwaschnja. Wir haben's nicht bemerkt — verzeih nur, Großväterchen! Ihre Kammerzofe ist wahrscheinlich spazierengegangen ...

Luka. Da lachst du nun ... Darf man denn gegen einen Menschen so rücksichtslos sein? Wie er auch sein mag — er behält doch immer als Mensch seinen Wert ...

Medwjedew. Aufsicht ist nötig! Wenn sie nun plötzlich stirbt? Dann gibt's nur Scherereien ... Habt ja acht auf sie!

Luka. Ganz recht, Herr Wachtmeister ...

Medwjedew. Hm — ja ... das heißt ... Wachtmeister bin ich noch nicht ...

Luka. Ist's möglich? Aber nach dem Aussehen zu schließen — der richtige Held!

(Aus dem Hausflur ertönt Lärm, das Stampfen von Füßen und gedämpftes Geschrei.)

Medwjedew. Doch nicht etwa — 'n Skandal?

Bubnow. Es hört sich so an ...

Kwaschnja. Man müßte mal nachsehen ...

Medwjedew. Gleich ... ich muß ohnedies gehen ... Ach ja, der Dienst! Warum man eigentlich die Leute auseinander bringt, wenn sie sich prügeln? Sie hören doch schließlich von selbst auf ... werden müde vom Zuschlagen ... Man sollte sie ruhig auf'nander losschlagen lassen, so viel sie Lust haben ... Sie würden sich dann immer seltener prügeln, weil sie sich die Hiebe besser merken ...

Bubnow *(erhebt sich von der Pritsche).* Das mußt du mal deiner Behörde vortragen ...

Kostylew *(reißt die Tür auf, schreit).* Abram! Komm rasch ... Wassilissa ... schlägt die Nataschka tot ... So komm doch!

(Kwaschnja, Medwjedew, Bubnow stürzen nach dem Hausflur. Luka sieht ihnen kopfschüttelnd nach.)

Anna. O Gott ... die arme Nataschenka!

Luka. Wer prügelt sich denn da herum?

Anna. Unsere Wirtinnen ... die beiden Schwestern ...

Luka *(tritt näher an Anna heran).* Um was geht's denn?

Anna. Um nichts ... beide sind satt ... und gesund ...

Luka. Und du ... wie heißt du?

Anna. Anna heiß ich ... Wenn ich dich so anseh' ... bist du ganz meinem Vater ähnlich ... meinem Väterchen ... ebenso liebreich bist du ... und weich ...

Luka. Weil sie mich tüchtig geklopft haben, darum bin ich weich ... *(kichert leise).*

(Der Vorhang fällt.)

ZWEITER AKT

Dieselbe Bühneneinrichtung

Abend. Auf der Pritsche neben dem Ofen sitzen Satin, der Baron, Schiefkopf und der Tatar beim Kartenspiel. Kleschtsch und der Schauspieler sehen dem Spiel zu. Bubnow spielt auf seiner Pritsche mit Medwjedew eine Partie Dame. Luka sitzt auf dem Taburett neben Annas Bett. Das Quartier ist durch zwei Lampen erhellt: die eine hängt an der Wand neben den Kartenspielern, die andere neben Bubnows Pritsche.

Der Tatar. Einmal spiel' ich noch — dann hör' ich auf ...

Bubnow. Schiefkopf! Sing doch! *(Stimmt ein Lied an.)*
„Wohl steigt die Sonne auf und nieder ..."

Schiefkopf *(einfallend).*
„Doch dringt sie nicht zu mir herein ..."

Der Tatar *(zu Satin).* Misch die Karten! Aber misch ordentlich. Wir wissen schon, was für 'n Bruder du bist ...

Bubnow *und* Schiefkopf *(singen zweistimmig).*
„Es spähen Tag und Nacht die Wachen —a—ach!
Nach meines Kerkers Fensterlein ..."

Anna. Schläge und Kränkungen ... hab' ich ertragen ... die waren mein Los ... so lange ich lebte ...

Luka. Ach, du armes Weibchen! Gräm dich nicht zu sehr!

Medwjedew. Wohin ziehst du? Gib doch acht!

Bubnow. Aha! So, und so, und so ...

Der Tatar *(droht Satin mit der Faust).* Was versteckst du die Karte? Ich hab's gesehn ... Du!

Schiefkopf. Laß ihn laufen, Hassan! Sie betrügen uns doch, so oder so ... Sing weiter, Bubnow!

Anna. Ich kann mich nicht entsinnen, wann ich mal satt war. Mit Zittern und Zagen ... hab' ich jedes Stückchen Brot gegessen ... Gebebt hab' ich ewig und mich geängstigt ... um ja nicht mehr zu essen als ein andrer ... Mein Leben lang bin ich in Lumpen gegangen ... mein ganzes unglückliches Leben lang ... Warum das alles?

Luka. Du armes Kind! Bist müde, was? Laß schon gut sein ...

Der Schauspieler *(zu Schiefkopf).* Spiel den Buben aus ... den Buben, zum Kuckuck!

Der Baron. Und wir haben den König!

Kleschtsch. Die überstechen jedesmal!

Satin. Das sind wir so gewohnt ...

Medwjedew. Eine Dame!

Bubnow. Auch ich hab' eine ... da!

Anna. Ich sterbe ...

Kleschtsch *(zum Tataren).* Da — sieh doch, sieh! Schmeiß die Karten hin, Fürst — schmeiß hin, sag ich dir!

Der Schauspieler. Meinst du, er weiß nicht, was er zu tun hat?

Der Baron. Sieh dich vor, Andrjuschka, daß ich dich nicht zur Tür 'rauswerfe!

Der Tatar. Gib noch mal! Der Krug geht so lange zu Wasser, bis er bricht ... So geht's mir auch ... *(Kleschtsch schüttelt den Kopf und geht zu Bubnow hinüber.)*

Anna. In einem fort denk' ich: mein Gott ... soll ich denn auch dort ... in jener Welt ... solche Qualen erdulden?

Luka. Nicht doch ... gar nichts wirst du erdulden! Lieg nur hübsch still ... und sei nicht bange ... Ruhe wirst du dort finden! Dulde noch ein Weilchen ... wir alle müssen dulden, meine Liebe ... jeder duldet das Leben auf seine Weise. *(Er erhebt sich und geht mit raschen Schritten nach der Küche.)*

Bubnow *(singt).*

„Späht nur, soviel ihr wollt — wie mächtig ..."

Schiefkopf.

„Mich 's in die Freiheit auch mag ziehn ..."

Beide *(zweistimmig).*

„Ich kann die Ketten nicht zersprengen —a—ach!
Kann diesen Mauern nicht entfliehn ..."

Der Tatar. Halt! In 'n Ärmel hat er eine Karte gesteckt!

Der Baron *(verlegen).* Na ... soll ich sie vielleicht in die Nase stecken?

Der Schauspieler *(in überzeugtem Tone).* Du hast dich geirrt, Fürst! Keinem Menschen fällt's ein ...

Der Tatar. Ich hab's gesehn! So 'n Gauner! Ich spiel' nicht weiter!

Satin *(die Karten zusammenlegend).* So geh doch deiner Wege, Hassan ... Daß wir Gauner sind, weißt du — warum spielst du also mit uns?

Der Baron. Vierzig Kopeken hat er verloren, und

Spektakel macht er für drei Rubel! Das will 'n Fürst sein . . .

Der Tatar *(heftig).* Man muß ehrlich spielen!

Satin. Aber warum denn?

Der Tatar. Was heißt „warum"?

Satin. Na so . . . warum?

Der Tatar. Das weißt du nicht?

Satin. Ich weiß es nicht. Weißt du es?

(Der Tatar spuckt ärgerlich aus. Alle lachen über ihn.)

Schiefkopf *(gutmütig).* Bist 'n komischer Kauz, Hassan! Überleg doch mal: wenn die es mit der Ehrlichkeit versuchen, sind sie in drei Tagen verhungert . . .

Der Tatar. Was geht's mich an? Ehrlich muß man leben!

Schiefkopf. Ewig schwatzt er dasselbe! Wollen lieber Tee trinken gehen . . . Los, Bubnow! . . .

Bubnow. „Ach, diese schweren Eisenketten
Und diese Wachen erzbewehrt . . ."

Schiefkopf. Komm, Hassan! *(Singend ab.)*
„Ich kann sie nimmermehr durchbrechen . . ."

(Der Tatar droht dem Baron mit der Faust und folgt dann seinen Kameraden.)

Satin *(zum Baron, lachend).* Na, Euer Hochwohlgeboren — da haben wir uns wieder mal glänzend blamiert! Das will 'n gebildeter Mensch sein — nicht mal 'ne Volte schlagen kann er . . .

Der Baron *(achselzuckend).* Weiß der Teufel, wie die Karte . . .

Der Schauspieler. Kein Talent . . . kein Selbstvertrauen . . . ohne das wird's eben nie was Rechtes . . .

Medwjedew. Eine Dame hab' ich . . . und du hast zwei . . . hm — ja!

Bubnow. Auch eine kann's schaffen, wenn du richtig spielst . . . Du bist am Zuge!

Kleschtsch. Die Partie ist verloren, Abram Iwanytsch!

Medwjedew. Das geht dich gar nichts an — verstanden? Halt's Maul . . .

Satin. Dreiundfünfzig Kopeken gewonnen . . .

Der Schauspieler. Die drei Kopeken sind für mich ... Übrigens, wozu brauch' ich drei Kopeken?

Luka *(kommt aus der Küche)*. Na, habt ihr den Tataren hochgenommen? Jetzt geht ihr 'n Schnäpschen trinken — hm?

Der Baron. Komm mit uns!

Satin. Möcht' gern mal sehen, wie du bist, wenn du einen weg hast ...

Luka. Sicher nicht besser, als wenn ich nüchtern bin ...

Der Schauspieler. Komm, Alter ... ich will dir 'n paar hübsche Couplets vordeklamieren ...

Luka. Couplets? Was ist das?

Der Schauspieler. Gedichte, verstehst du ...

Luka. Gedichte? Was sollen sie mir, die ... Gedichte?

Der Schauspieler. Na, die sind so spaßig ... oder manchmal auch traurig ...

Satin. Kommst du, Coupletsänger? *(Ab mit dem Baron.)*

Der Schauspieler. Ich komme gleich nach. *(Zu Luka.)* Da ist zum Beispiel ein Gedicht ... ein alter Mann kommt darin vor ... wie ist doch gleich der Anfang? ... Ich hab's wahrhaftig vergessen! *(Reibt sich die Stirn.)*

Bubnow. Deine Dame ist futsch ... Zieh!

Medwjedew. Teufel noch eins! Warum hab' ich nicht dahin gezogen?

Der Schauspieler. Früher, als mein Organismus noch nicht mit Alkohol vergiftet war, hatt' ich ein famoses Gedächtnis ... jawohl, Alter! Jetzt ... ist alles zu Ende für mich ... Ich hab' dieses Gedicht immer mit großem Erfolge vorgetragen ... unter frenetischem Applaus! Du weißt jedenfalls nicht, was das ist ... Applaus! Das ist ... wie Branntwein, Bruder! ... Wenn ich so vortrat, in dieser Haltung ... *(setzt sich in Positur)* und dann loslegte ... und ... *(er schweigt)*. Nichts weiß ich mehr ... nicht ein Wort ... hab' ich behalten! Und es war doch mein Lieblingsgedicht ... ist das nicht schrecklich, Alter?

Luka. Freilich ist's schlimm ... wenn du schon vergißt, was dir das Liebste ist! In das, was man liebt, legt man seine Seele ...

Der Schauspieler. Meine Seele hab' ich vertrunken, Alter ... Ich bin ein verlorener Mensch ... Und warum bin ich verloren? Weil der Glaube an mich selbst mir fehlte ... Ich bin fertig ...

Luka. Wieso denn? Laß dich doch kurieren! Man kuriert jetzt die Trinker, hab' ich gehört! Umsonst kuriert man sie, Bruderherz ... Eine Heilanstalt hat man für die Trunkenbolde eingerichtet ... da werden sie nun, heißt es, unentgeltlich behandelt. Man hat erkannt, siehst du, daß 'n Trunkenbold auch ein Mensch ist, und man ist sogar froh, wenn einer kommt und sich kurieren lassen will. Beeil dich also! Geh hin ...

Der Schauspieler *(nachdenklich)*. Wohin? Wo ist das?

Luka. In einer Stadt ist's ... wie heißt sie doch? 's ist so 'n merkwürdiger Name ... Na, ich sag' dir ihn noch ... Nur merk dir eins: mußt dich jetzt schon drauf vorbereiten! Sei enthaltsam! Nimm dich zusammen und — halt aus! ... Und dann, wenn du auskuriert bist, fängst du ein neues Leben an ... ist das nicht schön, Bruder: ein neues Leben ... Nun, entschließe dich ... eins, zwei, drei!

Der Schauspieler *(lächelt)*. Ein neues Leben ... ganz von vorn ... ja, das wäre schön! ... Meinst du wirklich? Ein neues Leben? *(Lacht.)* Na ... ja! Soll ich's versuchen? Ja, ich versuch's ...

Luka. Warum denn nicht? Der Mensch — kann alles ... wenn er nur will ...

Der Schauspieler *(plötzlich, wie aus dem Traum erwachend)*. Bist 'n spaßiger Kauz! Leb wohl einstweilen! *(Er pfeift.)* Alterchen ... leb wohl! *(Ab.)*

Anna. Großväterchen!

Luka. Was denn, Mütterchen?

Anna. Sprich doch 'n bißchen mit mir ...

Luka *(zu ihr hintretend)*. Schön, laß uns plaudern miteinander ...

(Kleschtsch sieht sich um, tritt schweigend ans Bett seiner Frau, blickt sie an und gestikuliert mit den Händen, als wenn er etwas sagen wollte.)

Luka. Was denn, Bruder?

Kleschtsch *(leise)*. Nichts ... *(Geht langsam zu der Tür nach dem Hausflur, bleibt ein paar Sekunden vor ihr stehen und schreitet dann hinaus.)*

Luka *(folgt ihm mit dem Blicke)*. Recht schwer scheint's deinen Mann zu drücken ...

Anna. Ich habe nichts mehr ... mit ihm zu schaffen ...

Luka. Hat er dich geschlagen?

Anna. Und wie! ... Er hat mich ... so weit gebracht ...

Bubnow. Meine Frau ... hatte mal 'nen Liebhaber; der hat ganz famos Dame gespielt, der Bengel ...

Medwjedew. Hm ...

Anna. Großväterchen! Sprich mit mir, mein Lieber ... es ist mir so bange ...

Luka. Das hat nichts zu sagen! Das überkommt einen so vorm Tode, mein Täubchen. Hat nichts zu sagen, meine Liebe! Hab' nur Vertrauen ... Du wirst nun sterben, siehst du — und dann hast du Ruhe ... Brauchst dann vor nichts mehr Angst zu haben — vor gar nichts! So still wird's sein, so friedlich ... und du liegst ganz ruhig da! Der Tod besänftigt alles ... Er meint's gut mit uns ... Erst in der Truhe findest du Ruhe, heißt es ... und 's ist richtig, meine Liebe! Wo soll denn ein Mensch hier sonst Ruhe finden?

(Pepel tritt ein — ein wenig angetrunken, zerzaust und mürrisch; er setzt sich auf die Pritsche neben der Tür und sitzt schweigend, unbeweglich da.)

Anna. Und ist denn dort ... auch so viel Qual?

Luka. Gar nichts ist dort! Glaub mir's: gar nichts ist! Friede wird sein — weiter nichts! Vor den Herrn werden sie dich führen und werden sagen: Schau her, o Herr — deine Magd Anna ist gekommen ...

Medwjedew *(streng)*. Wie kannst du wissen, was sie dort sagen werden? Hör mal, du ...

(Pepel hebt beim Klange von Medwjedews Stimme den Kopf empor und lauscht.)

Luka. Ich weiß es eben, Herr Wachtmeister ...

Medwjedew *(sanfter)*. Hm — ja! Na, das ist schließlich deine Sache ... Das heißt ... Wachtmeister bin ich nicht ...

Bubnow. Zwei Steine schlag' ich ...

Medwjedew. Ach du ... daß dich die Bombe trifft ...

Luka. Und der Herr wird dich mild und freundlich anschauen und wird sagen: Ich kenne diese Anna! Nun, wird er sagen, führt sie fort, die Anna — ins Paradies! Mag sie da Frieden finden ... ich weiß, ihr Leben war sehr mühselig, sie ist sehr müde ... laßt sie ausruhen, die Anna ...

Anna. Großväterchen ... du mein Lieber ... wenn's doch so wäre ... wenn ich dort ... Frieden fände ... und gar nichts mehr ... fühlte ...

Luka. Nichts wirst du fühlen! Gar nichts wird sein! Glaub's nur! In Freuden kannst du sterben, ohne Angst ... Der Tod, sag' ich dir, ist für uns wie eine Mutter für ihre kleinen Kinder ...

Anna. Aber ... vielleicht ... werd' ich wieder gesund?

Luka *(lächelnd)*. Wozu? Zu neuer Qual?

Anna. Ich möcht' doch noch ... ein Weilchen leben ... ein ganz kleines Weilchen ... Wenn's dort keine Qual gibt ... könnt' ich am Ende hier noch ein wenig dulden ...

Luka. Nichts wird dort sein ... gar nichts ...

Pepel *(erhebt sich)*. Kann richtig sein ... kann auch falsch sein!

Anna *(zusammenfahrend)*. O Gott ...

Luka. Ah, mein schöner Junge ...

Medwjedew. Wer brüllt denn da?

Pepel *(auf ihn zutretend)*. Ich! Was gibt's?

Medwjedew. Sei hier nicht so laut, verstanden? Der Mensch muß sich ruhig verhalten ...

Pepel. Ach ... Dummerjan! Noch dazu der Onkel ... ho, ho!

Luka *(zu Pepel, leise)*. Hör mal, du — schrei nicht! Hier stirbt eine Frau ... ganz fahl sind ihre Lippen schon ... störe sie nicht!

Pepel. Weil du's sagst, Großvater, will ich folgen. Bist 'n Prachtkerl, Alter! Flunkerst ganz famos . . . erzählst angenehme Märchen! Immer flunkre weiter, Bruderherz . . . 's gibt so wenig Angenehmes auf der Welt . . .

Bubnow. Stirbt sie wirklich?

Luka. Meinst du, sie spaßt?

Bubnow. Dann wird endlich das Husten aufhören . . . War zu störend, ihr ewiges Külstern . . . Zwei nehm' ich! . . .

Medwjedew. Ach . . . daß dich die Bombe trifft!

Pepel. Abram . . .

Medwjedew. Ich bin für dich kein Abram . . .

Pepel. Abraschka, sag mal — ist Nataschka noch krank?

Medwjedew. Was kümmert's dich?

Pepel. Nee, sag doch: hat sie die Wassilissa wirklich so arg geprügelt?

Medwjedew. Auch das geht dich nichts an . . . Das ist 'ne Familienangelegenheit . . . Wer bist du überhaupt, he?

Pepel. Mag ich sein, wer ich will — aber wenn mir's beliebt, kriegt ihr eure Nataschka nie mehr zu sehn!

Medwjedew *(das Spiel abbrechend)*. Was sagst du? Von wem redest du da? Meine Nichte sollte . . . ach, du Spitzbube!

Pepel. Ein Spitzbube — den du noch nicht gefangen hast!

Medwjedew. Wart! Ich werde dich schon fassen . . . sehr bald werd' ich dich haben . . .

Pepel. Immerzu — dann soll's eurem ganzen Nest hier schlecht gehn. Meinst wohl, ich werde das Maul halten vorm Untersuchungsrichter? Da bist du schief gewickelt! Wer hat dich zum Diebstahl angestiftet? werden sie fragen — wer hat die Gelegenheit ausbaldowert? Mischka Kostylew und seine Frau! Und wer hat das Gestohlene abgenommen? Mischka Kostylew und seine Frau!

Medwjedew. Das lügst du! Kein Mensch wird's dir glauben!

Pepel. Sie werden's schon glauben — weil's nämlich die Wahrheit ist! Auch dich bring' ich in die Patsche ... ja! Alle sollt ihr 'ran, ihr Teufelsbande — wirst schon sehen!

Medwjedew *(fassungslos)*. Schwatz doch nicht! Rede keinen Unsinn! Was hab' ich dir denn ... Böses getan? Hund, verrückter ...

Pepel. Und was hast du mir Gutes getan?

Luka. Ganz recht ...

Medwjedew. Was quarrst du? Hast du dich reinzumischen? Hier handelt sich's um 'ne Familienangelegenheit ...

Bubnow *(zu Luka)*. Laß sie doch! Uns beiden geht's ja nicht an den Kragen ...

Luka *(sanft)*. Ich sag' auch nichts weiter! Ich meine nur, wenn ein Mensch dem andern nichts Gutes tut — dann handelt er eben schlecht an ihm ...

Medwjedew *(der Lukas Worte nicht verstanden hat)*. Seh doch einer! Wir kennen uns hier alle mit'nander ... und du — wer bist du denn? *(Rasch ab, mit wütendem Schnauben.)*

Luka. Ist böse geworden, der Herr Kavalier ... oho! Recht sonderbar, Brüder, scheinen hier eure Sachen zu liegen ...

Pepel. Jetzt läuft er zu Wassilissa, beklagen will er sich ...

Bubnow. Mach keine Dummheiten, Wassili! Willst hier den Tapfern 'rausbeißen ... Tapferkeit, mein Sohn, ist gut, wenn du in 'n Wald gehst, nach Pilzen ... Hier richtest du nichts damit aus ... Sie nehmen dich beim Wickel, eh du dich versiehst ...

Pepel. Das wollen wir sehen! Wir Jaroslawer Jungen sind viel zu schlau, uns fängt man nicht so mit bloßen Händen ... Wollt ihr Krieg haben — schön, dann werden wir Krieg führen ...

Luka. Es wäre wirklich besser, Junge, du gingest fort von hier.

Pepel. Wohin denn? Sag mal ...

Luka. Geh ... nach Sibirien!

Pepel. Hehe! Nee, da wart' ich doch lieber, bis sie mich auf Staatskosten hinschicken ...

Luka. Nein, wirklich, folge mir! Geh hin! Kannst dort deinen Weg machen ... Man braucht dort solche Jungen, wie du einer bist!

Pepel. Mir ist mein Weg vorgezeichnet! Mein Vater hat sein Lebtag in den Gefängnissen gesessen, und das hat er mir vermacht ... Wie ich noch ganz klein war, nannten mich die Leute schon Dieb und Spitzbubenjunge.

Luka. Ein schönes Land — Sibirien! Ein goldnes Land! Wer gut bei Kräften ist und nicht auf 'n Kopf gefallen, der fühlt sich dort — wie die Gurke im Frühbeet!

Pepel. Sag mal, Alter — warum lügst du immer?

Luka. Wie?

Pepel. Bist wohl taub geworden? Warum du lügst, frag' ich ...

Luka. Wann hab' ich gelogen?

Pepel. In einem fort lügst du ... Dort ist's nach deiner Meinung schön, hier ist's schön ... Es ist doch nicht wahr! Warum lügst du also?

Luka. Glaub mir! Oder geh hin, überzeug dich ... Wirst mir Dank wissen ... Was drückst du dich hier 'rum? Und ... warum bist du so auf Wahrheit erpicht? Überleg's doch: die Wahrheit — die kann für dich zur Schlinge werden ...

Pepel. Laß sie zur Schlinge werden ... Mir ist's gleich ...

Luka. Bist doch 'n Sonderling! Warum willst du selbst den Hals hineinstecken?

Bubnow. Was schwatzt ihr beiden eigentlich? Versteh' euch nicht ... Was für 'ne Wahrheit tut dir not, Wasjka? Wozu soll sie dir? Die Wahrheit über dich selber — die kennst du doch ... und alle Welt kennt sie ...

Pepel. Halt den Schnabel, krächze nicht! Er soll mir erst sagen ... hör mal, Alter — gibt's einen Gott?

(Luka lächelt und schweigt.)

Bubnow. Die Menschen sind wie die Späne, die der

Strom wegträgt ... Das Haus steht fertig da ... aber die Späne sind weg ...

Luka *(leise)*. Wenn du an ihn glaubst — gibt's einen; glaubst du nicht, dann gibt's keinen ... Woran du glaubst — das gibt es eben ...

(Pepel blickt schweigend, in starrem Erstaunen, auf den Alten.)

Bubnow. Ich geh' jetzt Tee trinken ... kommt ihr mit in die Schenke? He?

Luka *(zu Pepel)*. Was guckst du?

Pepel. So ... Sag mal — du meinst also ...

Bubnow. Na, dann geh' ich allein ... *(Ab nach der Tür, in der er auf Wassilissa stößt.)*

Pepel. Du meinst also ... daß ...

Wassilissa *(zu Bubnow)*. Ist Nastaßja zu Hause?

Bubnow. Nein ... *(Ab.)*

Pepel. Ah ... da bist du ja ...

Wassilissa *(an Annas Lager tretend)*. Ist sie noch am Leben.

Luka. Störe sie nicht!

Wassilissa. Und du, was hast du hier 'rumzuschleichen?

Luka. Ich kann ja hinausgehn ... wenn's sein muß ...

Wassilissa *(nähert sich der Tür zu Pepels Kammer)*. Wassili! Ich habe mit dir zu reden ...

(Luka geht nach der Tür zum Hausflur, öffnet sie und schließt sie wieder geräuschvoll. Dann steigt er vorsichtig auf die Pritsche und von da auf den Ofen.)

Wassilissa *(aus Pepels Kammer)*. Wassja, komm her!

Pepel. Ich komme nicht ... ich will nicht ...

Wassilissa. Was ist denn? Was bist du so böse?

Pepel. Langweilig ist's ... die ganze Wirtschaft hier hab' ich satt ...

Wassilissa. Und mich ... hast du auch satt?

Pepel. Auch dich ...

(Wassilissa zieht das Tuch, das ihre Schultern bedeckt, fest an und preßt die Arme gegen die Brust. Sie tritt zu Annas Bett, blickt vorsichtig hinter den Vorhang und kehrt dann zu Pepel zurück.)

P e p e l. Na ... so rede ...

W a s s i l i s s a. Was soll ich reden? Zur Liebe läßt sich keiner zwingen ... meine Art ist's nicht, um Liebe zu betteln ... Ich dank' dir für deine Aufrichtigkeit ...

P e p e l. Aufrichtigkeit?

W a s s i l i s s a. Na ja ... du sagst, du hast mich satt ... oder ist's nicht wahr?

(Pepel sieht sie schweigend an.)

W a s s i l i s s a *(rückt näher an ihn heran).* Was guckst du? Erkennst mich wohl nicht?

P e p e l *(tief Atem holend).* Schön bist du, Waska ... *(Wassilissa legt den Arm um seinen Hals; er schüttelt ihren Arm mit einer Schulterbewegung ab.)* Und doch hat mein Herz dir nie gehört ... Ich hab' mit dir gelebt, und so weiter ... aber wirklich geliebt hab' ich dich nie ...

W a s s i l i s s a *(leise).* So ... o ... Nu ... un ...

P e p e l. Nun hätten wir nichts weiter zu reden mit'nander! Gar nichts weiter ... laß mich ungeschoren ...

W a s s i l i s s a. Hast an einer andern Gefallen gefunden?

P e p e l. Das geht dich nichts an ... Wenn's so wäre — dich nehm' ich doch nicht zur Brautwerberin ...

W a s s i l i s s a *(mit vielsagender Miene).* Wer weiß ... vielleicht könnt' ich ein Wort für dich einlegen ...

P e p e l *(mißtrauisch).* Bei wem denn?

W a s s i l i s s a. Du weißt, wen ich meine . . . verstell dich doch nicht! Ich rede gern von der Leber weg ... *(Leiser.)* Ich will dir's nur sagen ... du hast mich tief gekränkt ... mir nichts, dir nichts hast du mir 'nen Hieb versetzt, wie mit der Peitsche ... Sagtest immer, du liebst mich, und mit einem Mal ...

P e p e l. Mit einem Mal? Ganz und gar nicht ... Schon lange hab' ich so gedacht ... du hast keine Seele, Weib ... Eine Frau muß 'ne Seele haben ... Wir Männer sind Tiere ... wir kennen's nicht anders ... uns muß man erst anlernen zum Guten ... und du, wozu hast du mich angelernt? ...

W a s s i l i s s a. Was war, das war ... Ich weiß, der

Mensch ist nicht frei in seinem Innern ... Liebst du mich nicht mehr — schön! Es soll mir recht sein ...

Pepel. Na also! Abgemacht! Wir trennen uns in Freundschaft, ohne Zank und Streit ... wunderschön!

Wassilissa. Halt, nicht so rasch! Während all der Zeit, da ich mit dir lebte ... wartete ich immer, ob du mir nicht heraushelfen würdest ... aus dem Sumpf hier ... ob du mich nicht von meinem Manne, vom Onkel ... von diesem ganzen Leben hier befreien würdest ... Und vielleicht hab' ich dich gar nicht geliebt, Wasja ... vielleicht liebte ich in dir nur ... meine eigne Hoffnung ... meinen Traum ... Verstehst du? Ich hatte gehofft, du würdest mich herausziehen ...

Pepel. Bist doch kein Nagel, und ich bin keine Zange ... Ich dachte selber, du würdest mit deiner Schlauheit ... denn schlau bist du, und gewandt ...

Wassilissa *(neigt sich dicht über ihn)*. Wasja! Wir wollen uns gegenseitig helfen ...

Pepel. Wie denn?

Wassilissa *(leise, doch mit Nachdruck)*. Meine Schwester gefällt dir, ich weiß es ...

Pepel. Dafür schlägst du sie auch so grausam! Das sag' ich dir, Waska: rühr sie nicht mehr an!

Wassilissa. So wart doch! Nicht so hitzig! Es läßt sich alles in Ruhe abmachen, im guten ... Heirate sie, wenn du willst! Ich gebe dir noch Geld dazu ... dreihundert Rubel! Treib' ich mehr auf, geb' ich dir noch mehr ...

Pepel *(rückt auf seinem Platz hin und her)*. Halt mal ... wie meinst du das? Wofür?

Wassilissa. Befreie mich von meinem Manne! Nimm diese Last von mir ...

Pepel *(pfeift leise)*. Ei, si—eh doch! Das hast du dir schlau ausgedacht ... Der Mann ins Grab, der Liebhaber in die Zwangsarbeit, und du selber ...

Wassilissa. Aber Wasja! Warum denn Zwangsarbeit? Du brauchst doch nicht selbst ... deine Kameraden! Und wenn du's auch selber tust — wer erfährt's denn? Natascha wird die Deine ... bedenke doch! Geld wirst du haben ... wirst wegziehen von hier, irgendwohin ... Mich erlösest du für immer ... und auch für die Schwester wird's gut sein, daß sie von mir fortkommt. Ich kann sie nicht sehen, ohne rasend zu werden ... ich hasse sie deinetwegen ... und kann mich nicht beherrschen ... Ich schlage sie so hart, daß ich selber vor Mitleid mit ihr weine ... Aber — ich schlage sie eben. Und ich werde sie weiter schlagen!

Pepel. Bestie! Rühmst dich noch deiner Roheit!

Wassilissa. Ich rühme mich nicht — nur die Wahrheit sag' ich. Denk dran, Wasja, schon zweimal hast du wegen meines Alten gesessen ... wegen seiner Habgier ... Wie 'ne Wanze hat er sich an mir festgesogen ... vier Jahre schon saugt er an mir! Einen solchen Mann zu haben! Und auch Natascha quält er, verhöhnt sie, nennt sie eine Bettlerin! Das reine Gift ist er — für uns alle ...

Pepel. Wie schlau du das ausgeheckt hast ...

Wassilissa. Ausgeheckt? Was ich sage, ist doch ganz klar ... Nur ein Dummkopf kann nicht begreifen, was ich will ...

(Kostylew tritt behutsam ein und schleicht leise vorwärts.)

Pepel *(zu Wassilissa)*. Na ... geh schon!

Wassilissa. Überleg dir's! *(Sieht ihren Mann.)* Was gibt's? Bist mir wohl nachgeschlichen?

(Pepel springt auf und blickt Kostylew wild an.)

Kostylew. Jawohl ... ich bin's ... ich bin's ... Und ihr seid hier ganz allein? Ah, ah ... habt 'n bißchen geplaudert? *(Stampft plötzlich mit den Füßen auf und kreischt laut. Zu Wassilissa.)* Waska ... Du Bettlerin! Du gemeines Luder! *(Erschrickt vor seinem eigenen Geschrei, dem nur lautloses Schweigen antwortet.)* Verzeih mir, o Herr ... Schon wieder hast du mich zur Sünde verleitet, Wassilissa ... Ich suche dich überall ... *(quiekend)* 's ist Zeit zum Schlafengehen! Hast kein Öl ins Lämpchen gegossen ... ach, du! Bettlerin,

Schlumpe ... *(Streckt ihr drohend die zitternden Fäuste entgegen.)*

(Wassilissa geht langsam nach der Tür zum Hausflur und sieht sich dabei nach Pepel um.)

Pepel *(zu Kostylew).* Du! Geh deiner Wege ... scher dich ...

Kostylew *(schreit).* Ich bin hier der Herr! Scher dich selbst hinaus, verstanden? Spitzbube du ...

Pepel *(dumpf).* Geh deiner Wege, Mischka ...

Kostylew. Wag's nicht! Sonst soll ... sonst will ich ...

(Pepel faßt ihn am Kragen und schüttelt ihn. Vom Ofen her hört man lautes Geräusch und vernehmliches Gähnen. Pepel läßt Kostylew los; dieser läuft schreiend zur Tür hinaus in den Hausflur.)

Pepel *(springt auf die Pritsche).* Wer ist da ... wer ist auf dem Ofen?

Luka *(streckt den Kopf vor).* Was gibt's?

Pepel. Du bist es?

Luka *(gelassen).* Ich bin's ... ich selbst ... Ach, Herr Jesus Christus!

Pepel *(schließt die Tür zum Hausflur, sucht den Riegel und findet ihn nicht).* Ach, zum Teufel ... kriech 'runter, Alter!

Luka. Gleich will ich ... 'runterkriechen ...

Pepel *(barsch).* Warum bist du auf den Ofen geklettert?

Luka. Wohin sollt' ich sonst gehen?

Pepel. Du bist doch in den Hausflur gegangen?

Luka. 's war mir im Hausflur zu kalt, Brüderchen ... bin ein alter Mann ...

Pepel. Hast du gehört?

Luka. Freilich hab' ich gehört! Wie sollt' ich nicht hören? Bin doch nicht taub! Ach, Junge, du hast Glück ... wirklich Glück hast du!

Pepel *(mißtrauisch).* Was für Glück?

Luka. Na ... daß ich auf 'n Ofen geklettert bin ... das war dein Glück ...

Pepel. Warum hast du so herumgepoltert?

L u k a. Weil mir da so heiß wurde ... zu deinem Glück, mein Sohn ... Und dann dacht' ich: wenn der Junge nur keine Dummheit macht ... und den Alten erwürgt ...

P e p e l. Ja—a . . . ich hätt's fertig gebracht . . . ich hasse ihn ...

L u k a. 's wär' gar kein Wunder ... Nichts leichter als das ... Kommt häufig vor, solch eine Dummheit ...

P e p e l *(lächelnd)*. Hm? Hast auch schon mal ... solch eine Dummheit gemacht? ...

L u k a. Hör, mein Junge, was ich dir sage: dieses Weib, das halte dir vom Leibe! Um keinen Preis laß sie dir nahe kommen. Ihren Mann wird sie sich schon selbst vom Halse schaffen ... noch geschickter, als du es könntest, ja! Hör nicht auf das Satansweib! Sieh mich an: ganz kahlköpfig bin ich ... Und wovon? Einzig und allein von den Weibern ... Hab' ihrer vielleicht mehr gekannt, dieser Weiber, als ich Haare auf dem Kopfe hatte ... Und diese Wassilissa ... ist schlimmer als die Pest ...

P e p e l. Ich weiß nicht ... soll ich dir danken, oder ... hast auch du ...

L u k a. Rede nicht weiter! Tu, was ich dir sage! Hast du hier ein Mädel, das dir gefällt — dann nimm's bei der Hand, und marsch alle beide, fort von hier! Nur weg, recht weit weg ...

P e p e l *(düster)*. Man kennt sich nicht aus in den Menschen! Wer gut ist, wer böse ... nichts läßt sich mit Bestimmtheit sagen! ...

L u k a. Was ist da viel zu sagen? Der Mensch lebt bald so, bald so ... wie sein Herz gestimmt ist, so lebt er ... heut ist er gut, morgen böse. Und wenn jenes Mädchen dir wirklich am Herzen liegt — dann zieh mit ihr fort, abgemacht ... Oder geh allein ... Bist jung, hast noch Zeit genug, dir ein Weib zu nehmen ...

P e p e l *(faßt ihn an der Schulter)*. Nein, sag doch — warum du das alles ...

L u k a. Wart! Laß mich los ... Will nach der Anna

sehn ... sie hat so geröchelt ... *(Tritt an Annas Lager, schlägt den Vorhang zurück, blickt die Daliegende an und berührt sie mit der Hand. Pepel beobachtet ihn mit nachdenklicher, unsicherer Miene.)* Jesus Christus, Allgütiger! Nimm die Seele deiner eben verstorbenen Magd Anna in Frieden zu dir ...

Pepel *(leise)*. Ist sie tot? *(Reckt sich empor und blickt, ohne näherzutreten, nach Annas Lager.)*

Luka *(leise)*. Geendet ist ihre Qual! Und wo ist denn ihr Mann?

Pepel. In der Schenke jedenfalls ...

Luka. Man muß es ihm sagen ...

Pepel *(zusammenschauernd)*. Ich liebe die Toten nicht.

Luka *(geht auf die Tür zu)*. Warum sollte man sie auch lieben? Die Lebenden muß man lieben ... die Lebenden ...

Pepel. Ich gehe mit dir ...

Luka. Fürchtest dich wohl?

Pepel. Ich liebe sie nicht ... *(Geht hastig mit Luka hinaus. Die Bühne bleibt eine kurze Weile leer. Hinter der Tür zum Hausflur vernimmt man ein dumpfes, wirres, seltsames Geräusch, dann tritt der Schauspieler auf.)*

Der Schauspieler *(bleibt, ohne die Tür zu schließen, auf der Schwelle stehen und schreit, während er sich mit den Händen an den Türpfosten festhält)*. Alterchen! Luka! He, wo steckst du? Jetzt ist mir's eingefallen ... hör mal! *(Tritt schwankend zwei Schritte vor, setzt sich in Positur und deklamiert.)*

„Und wenn die Sonne aus dem Weltenraum
Ihr Licht der Erde fürder nicht mag senden,
Dann Heil dem Toren, dessen goldner Traum
Der Menschheit einen Schimmer doch wird spenden!"

(Natascha erscheint hinter dem Schauspieler in der Tür.)

Der Schauspieler *(fährt fort)*. Alter ... hör zu!

„Und sollt einmal die Welt aus ihrer Bahn
Auf ihrem Weg zur Wahrheit auch entgleisen,

So wird ein Tor mit seinem lichten Wahn
Der Irrenden die rechten Pfade weisen ..."

N a t a s c h a *(lacht).* Seht doch die Vogelscheuche! Hat der wieder mal 'nen Affen ...

D e r S c h a u s p i e l e r *(dreht sich nach ihr um).* A-ah, du bist's! Und wo ist denn unser Alter? Unser liebes, gutes Alterchen? ... Kein Mensch scheint ... zu Hause zu sein ... Natascha, leb wohl! leb wohl — ja!

N a t a s c h a *(tritt näher).* Hast mich noch nicht mal begrüßt, und nimmst schon Abschied ...

D e r S c h a u s p i e l e r *(tritt ihr in den Weg).* Ich geh' fort von hier ... Ich verreise ... Sobald der Frühling ins Land kommt — geh' ich auf und davon ...

N a t a s c h a. Laß mich gehen ... Wohin verreisest du denn?

D e r S c h a u s p i e l e r. Eine Stadt will ich suchen gehn ... kurieren will ich mich ... Auch du geh hier fort ... Ophelia ... geh in ein Kloster ... Es gibt nämlich, verstehst du, eine Heilanstalt für Organismen ... für Trunkenbolde sozusagen ... Eine ausgezeichnete Heilanstalt ... alles Marmor ... marmorner Fußboden! Licht ... Sauberkeit ... Kost — alles umsonst! Und marmorner Fußboden, ja! Ich werde sie finden, diese Stadt, werde mich auskurieren lassen und ... ein neues Leben beginnen ... Ich bin auf dem Wege zur Wiedergeburt ... wie König Lear sagt! Weißt du auch, Natascha ... wie ich mit meinem Bühnennamen heiße? Swertschkow-Sawolschski heiß' ich ... kein Mensch weiß das hier ... kein Mensch. Hier bin ich namenlos ... begreifst du wohl, wie kränkend das ist — seinen Namen zu verlieren? Selbst Hunde haben ihre Namen ...

(Natascha geht leise an dem Schauspieler vorüber, bleibt an Annas Lager stehen und blickt auf die Tote.)

D e r S c h a u s p i e l e r. Namenlos — ausgestrichen aus dem Buch des Lebens.

N a t a s c h a. Sieh doch ... die Ärmste ... sie ist tot ...

D e r S c h a u s p i e l e r *(kopfschüttelnd).* Nicht möglich ...

Natascha *(tritt zur Seite).* Bei Gott ... sieh doch ...

Bubnow *(in der Tür).* Was gibt's denn da zu sehen?

Natascha. Anna ... ist gestorben!

Bubnow. Hat also aufgehört zu husten. *(Tritt an Annas Bett, schaut eine Weile auf die Tote und geht dann an seinen Platz.)* Man muß es Kleschtsch sagen ... ihn geht's an ...

Der Schauspieler. Ich geh' ... will's ihm sagen ... Auch die ist jetzt namenlos! *(Ab.)*

Natascha *(mitten im Zimmer, halb für sich).* Auch ich werde ... so einmal ... ganz unversehens enden ...

Bubnow *(breitet auf seiner Pritsche eine zerlumpte alte Decke aus).* Was ist? Was brummst du da?

Natascha. Nichts ... nur so für mich ...

Bubnow. Erwartest wohl den Wasjka? Nimm dich in acht, dieser Wasjka ... schlägt dir noch mal den Schädel ein ...

Natascha. Ist's nicht gleich, wer mir ihn einschlägt? Dann mag er's schon lieber tun ...

Bubnow *(legt sich nieder).* Wie du willst ... was geht's mich an?

Natascha. 's ist wohl das beste für sie ... daß sie gestorben ist. Kann einem wirklich leid tun ... Du lieber Gott! ... Warum lebt man nun?

Bubnow. Das ist mal 'ne Frage — man lebt eben! Man wird geboren, lebt eine Zeitlang und stirbt. Auch ich werde sterben ... auch du wirst sterben ... was heißt da leid tun?

(Luka, der Tatar, Schiefkopf und Kleschtsch treten ein. Kleschtsch geht, in gedrückter Haltung, zögernd hinter den andern her.)

Natascha. S—ßt! Anna ...

Schiefkopf. Wir haben schon gehört ... Gott habe sie selig ...

Der Tatar *(zu Kleschtsch).* Sie muß 'rausgebracht werden! In 'n Hausflur muß sie geschafft werden! Hier ist kein Platz für Tote, nur Lebende dürfen hier schlafen ...

Kleschtsch *(leise)*. Wir bringen sie gleich 'raus ...
(Alle treten an das Bett. Kleschtsch betrachtet seine Frau über die Schultern der andern hinweg.)

Schiefkopf *(zum Tataren)*. Meinst, sie wird riechen? Die riecht nicht ... Die ist schon bei Lebzeiten ganz ausgetrocknet ...

Natascha. Du lieber Gott! Habt doch Erbarmen ... wenn doch jemand ein Wort sagen wollte! Ach, ihr seid wirklich ...

Luka. Nimm's nicht für ungut, meine Tochter ... hat nichts zu sagen! Wie sollen wir mit den Toten Erbarmen haben? Wir haben's doch nicht mal mit den Lebenden ... nicht mal mit uns selbst, meine Liebe! Was denkst du?

Bubnow *(gähnt)*. Ein Wort sagen ... wenn sie tot ist — hilft ihr kein Wort mehr ... Gegen Krankheit gibt's gewisse Worte, gegen den Tod nicht!

Der Tatar *(zur Seite tretend)*. Der Polizei muß man's melden ...

Schiefkopf. Natürlich — das ist Vorschrift! Kleschtsch! Hast du's schon gemeldet?

Kleschtsch. Nein ... Nun kommt das Begräbnis, und ich hab' nur vierzig Kopeken in der Tasche ...

Schiefkopf. So borg doch ... oder wir machen 'ne Sammlung ... jeder gibt, was er kann, der so viel, der so viel .. Aber nu rasch zur Polizei, melde es! Sonst denken sie am Ende, du hast dein Weib totgeschlagen ... oder sonst was. *(Geht nach der Pritsche, auf der bereits der Tatar liegt, und schickt sich an, sich neben diesen zu legen.)*

Natascha *(tritt an Bubnows Pritsche heran)*. Nun werde ich von ihr träumen ... ich träume immer von Toten ... Ich fürcht' mich allein ... im Hausflur ist's so dunkel ...

Luka *(folgt ihr mit den Augen)*. Vor den Lebenden fürchte dich, das sag' ich dir ...

Natascha. Begleite mich, Großväterchen ...

Luka. Komm ... komm ... ich begleite dich. *(Beide ab. Pause.)*

Schiefkopf *(gähnt).* O—o—ach! *(Zum Tataren.)* Nun wird's bald Frühling, Hassan ... Da gibt's wieder 'n bißchen Sonne für uns. Jetzt bringen die Bauern ihre Pflüge und Eggen in Ordnung ... bald geht's aufs Feld hinaus ... hm—ja! Und wir ... Hassan? Er schnarcht ja schon! Muhamed verdammter!

Bubnow. Die Tataren haben 'nen gesunden Schlaf ...

Kleschtsch *(steht mitten im Quartier und starrt dumpf vor sich hin).* Was soll ich jetzt anfangen?

Schiefkopf. Leg dich hin und schlaf! ... Weiter nichts ...

Kleschtsch *(leise).* Und ... sie? Was soll ... mit ihr geschehen? *(Niemand antwortet ihm. Satin und der Schauspieler treten ein.)*

Der Schauspieler *(schreit).* Alterchen! Zu mir, mein getreuer Kent.

Satin. Miklucha-Maclay kommt ... hoho!

Der Schauspieler. Die Sache ist abgemacht! Alter, wo liegt die Stadt ... wo bist du?

Satin. Fata Morgana! Beschwindelt hat dich der Alte ... Es gibt keine solche Stadt! Keine Städte gibt's, keine Menschen gibt's ... gar nichts gibt's überhaupt!

Der Schauspieler. Das lügst du, Kerl ...

Der Tatar *(springt auf).* Wo ist der Wirt? Ich will zum Wirt! Wenn man hier nicht schlafen kann, soll er auch kein Geld verlangen ... Tote ... Betrunkene ... *(Rasch ab. Satin pfeift hinter ihm her.)*

Bubnow *(verschlafen).* Legt euch schlafen, Kinder, macht keinen Lärm ... Die Nacht ist zum Schlafen da ...

Der Schauspieler. Richtig ... wir haben ja hier ... eine Tote! „Einen Toten haben wir gefischt mit unsern Netzen ..." heißt es in einem ... Chanson ... von B—Beranger!

Satin *(schreit).* Die Toten hören nicht! Die Toten fühlen nicht! Schrei ... brülle, so viel du willst ... kein Toter hört dich!

(In der Tür erscheint Luka.)

(Der Vorhang fällt.)

DRITTER AKT

Ein öder Platz zwischen Gebäuden *der mit allerhand Rumpelkram angefüllt und mit Unkraut bestanden ist. Im Hintergrunde eine hohe, aus Ziegelsteinen errichtete Brandmauer, die den Himmel verdeckt. Neben derselben Holundergebüsch. Rechts eine dunkle, aus Balken gefügte Wand, die zu einem Hofgebäude, einem Schuppen oder Stall gehört. Links die graue, hier und da Reste von Kalkbewurf aufweisende Wand des Hauses, in dem Kostylews Herberge sich befindet. Die letztere steht schräg, so daß ihre hintere Ecke bis fast in die Mitte des Platzes vorspringt. Zwischen ihr und der roten Wand — ein schmaler Durchgang. In der grauen Wand zwei Fenster — das eine in gleicher Höhe mit dem Boden, das andere etwa zwei Arschin (anderthalb Meter) höher und näher nach der Brandmauer zu. Neben der grauen Wand liegt, mit den Kufen nach oben, ein großer Schlitten und ein etwa vier Arschin (drei Meter) langer Balken. Rechts neben der Wand ein Haufen alter Bretter und behauener Balken. Es ist Abend, die Sonne geht unter und wirft ein rötliches Licht auf die Brandmauer. Der Frühling hat eben erst begonnen, der Schnee ist kaum geschmolzen. Das schwere Geäst der Holunderbüsche zeigt noch keine Knospen. Auf dem Balken sitzen nebeneinander Natascha und Nastja. Auf dem Holzhaufen Luka und der Baron. Kleschtsch liegt auf einem Holzhaufen neben der rechten Wand. Aus dem unteren Fenster schaut Bubnow in den Hof.*

Nastja *(mit geschlossenen Augen, bewegt den Kopf im Takt zu ihrer Erzählung, die sie in singendem Tone vorträgt)*. In der Nacht also kommt er in den Garten, in die Laube, wie wir es verabredet hatten ... und ich warte schon längst und zittre vor Angst und Kummer. Auch er zittert am ganzen Leibe und ist kreideweiß, in der Hand aber hat er einen Revolver ...

Natascha *(knabbert Sonnenblumensamen)*. Was du sagst! Diese Studenten sind doch Tollköpfe ...

Nastja. Und mit schrecklicher Stimme spricht er zu mir: Meine teure Geliebte ...

Bubnow. Haha! Meine „teure“ hat er gesagt?

Der Baron. Still da! Laß sie ruhig schwindeln — brauchst ja nicht zuzuhören, wenn's dir nicht gefällt ... Also weiter!

Nastja. Meine Herzallerliebste, sagt er, mein Goldschatz! Die Eltern verweigern mir ihre Einwilligung dazu, sagt er, daß ich dich heirate und drohen mir mit ihrem Fluche, wenn ich nicht von dir lasse. Und so muß ich mir denn, sagt er, das Leben nehmen ... Und sein Revolver war ganz fürchterlich groß und mit zehn Kugeln geladen ... Lebe wohl, sagt er, traute Freundin meines Herzens! Mein Entschluß ist unwiderruflich ... ich kann ohne dich nicht leben. Ich aber antwortete ihm: Mein unvergeßlicher Freund ... mein Raoul ...

Bubnow *(erstaunt)*. Wie hieß er? Graul?

Der Baron *(lacht)*. Du irrst dich, Nastjka! Das letzte Mal hieß er doch Gaston!

Nastja *(springt auf)*. Schweigt ... ihr Unglücklichen! Ihr ... elenden Strolche! Könnt ihr überhaupt begreifen, was Liebe ist ... wirkliche, echte Liebe? Und ich ... ich habe sie gekostet, diese wirkliche Liebe! *(Zum Baron.)* Du Jammerkerl ... Willst ein gebildeter Mensch sein ... sagst, du hättest im Bett Kaffee getrunken ...

Luka. So habt doch Geduld! Stört sie nicht! Nehmt Rücksicht auf sie ... nicht aufs Wort kommt es an, sondern darauf, warum's gesprochen wird — seht ihr, darauf kommt's an! Immer erzähl du, meine Liebe — hat nichts zu sagen!

Bubnow. Immer färb dir die Federn, Krähe ... na, leg doch los!

Der Baron. Weiter also!

Natascha. Achte nicht auf sie ... wer sind sie denn? Nur aus Neid reden sie so ... weil sie von sich nichts zu erzählen wissen ...

Nastja *(setzt sich wieder)*. Ich will nicht ... Ich erzähl' nicht weiter ... Wenn sie's nicht glauben wollen ... und darüber lachen ... *(Bricht plötzlich ab, schweigt ein paar Sekunden, schließt wieder die Augen und fährt dann laut und hastig fort zu erzählen, wobei sie im Takt zu ihrer Rede die Hand bewegt und gleichsam auf eine in der Ferne erklingende Musik lauscht.)* Und ich antworte ihm darauf: Du Freude meines Daseins! Du mein glänzender Stern! Auch ich vermag ohne dich nicht zu leben ... weil ich dich wahnsinnig liebe und allezeit lieben werde, solange das Herz in meiner Brust schlägt! Aber, sag' ich, beraube dich nicht deines jungen Lebens ... denn sieh, deine teuren Eltern, deren einzige Freude du bist — sie bedürfen dein ... Laß ab von mir! Mag ich lieber zugrunde gehen ... aus Sehnsucht nach dir, mein Leben ... ich bin allein ... ich bin — so eine! ... Ja, laß mich sterben ... was liegt dran .. denn ich tauge nichts ... und habe nichts ... rein gar nichts ... *(Bedeckt ihr Gesicht mit den Händen und weint still in sich hinein.)*

Natascha *(wendet sich zur Seite, leise).* Brauchst nicht zu weinen!

(Luka streichelt lächelnd Nastjas Kopf.)

Bubnow *(lacht laut).* Nein, so 'n Teufelsmädel — was?

Der Baron *(lacht gleichfalls).* Sag mal, Großväterchen — glaubst du ihr denn, was sie da erzählt? Das ist ja alles aus ihrem Buche ... aus der „Verhängnisvollen Liebe" ... alles verrücktes Zeug! Laß sie laufen! ...

Natascha. Was geht's dich denn an! Schweig lieber, du! Der Herrgott hat dich genug gestraft ...

Nastja *(wütend).* Du Hohlkopf! Sag, wo ist deine Seele?

Luka *(faßt Nastja an der Hand).* Komm, meine Liebe! Ärgere dich nicht ... hat nichts zu sagen! Ich weiß ja ... Ich — glaube dir. Du hast recht, und nicht jene da ... Wenn du's selber glaubst, dann hattest du eben eine solche ... echte Liebe ... Gewiß doch! Ganz gewiß! Und dem da, deinem Liebsten, sei nicht böse ... Er lacht vielleicht wirklich nur ... darum ... weil er neidisch ist ... Hat vielleicht nie im Leben was Echtes gekostet ... nein, ganz gewiß nicht! Komm! ...

Nastja *(preßt ihre Arme gegen die Brust).* Großväterchen! Bei Gott ... 's ist wahr! Alles ist wahr! ... Der Student war ein Franzose ... Gastoscha hieß er ... und ein schwarzes Bärtchen hatte er ... und trug immer Lackstiefel ... Der Blitz soll mich auf der Stelle treffen, wenn's nicht wahr ist! Und wie er mich liebte ... ach, wie er mich liebte!

Luka. Ich weiß ja! Hat nichts zu sagen! Ich glaub' dir's! Lackstiefel trug er also, sagst du? Ei, ei! Na, und du hast ihn natürlich auch geliebt? *(Beide ab um die Ecke.)*

Der Baron. Ein ganz dummes Frauenzimmer! Gutmütig, aber dumm ... unerträglich dumm!

Bubnow. Wie nur ein Mensch so in einem fort lügen kann! Immer, als wenn sie vorm Untersuchungsrichter stände ...

Natascha. Die Lüge muß doch angenehmer sein als die Wahrheit ... Auch ich ...

Der Baron. Was „auch du"? Sprich weiter.

Natascha. Auch ich denk' mir manches aus ... Denke mir's aus ... und warte ...

Der Baron. Auf was?

Natascha *(lächelt verlegen).* Na, so ... Vielleicht, denk' ich ... kommt morgen jemand ... irgend jemand Besonderes ... Oder es passiert was ... etwas Niedagewesenes ... Lange schon wart' ich ... immer wart' ich ... Und schließlich ... wenn man's bei Licht besieht ... was kann man groß erwarten? *(Pause.)*

Der Baron *(lächelt).* Gar nichts kann man erwarten ... Ich wenigstens — erwarte nichts mehr! Für mich ... war alles schon da! Alles vorbei ... zu Ende! ... was weiter?

Natascha. Manchmal stell' ich mir auch vor, daß ich morgen ... plötzlich sterbe ... davon wird mir dann so bange ... Im Sommer denkt man gern an den Tod

... da gibt es Gewitter ... jeden Augenblick kann einen der Blitz treffen ...

Der Baron. Du hast es nicht gut im Leben ... Deine Schwester ist ein richtiger Satan ...

Natascha. Wer hat's überhaupt gut im Leben? Alle haben es schlecht ... soviel ich sehe ...

Kleschtsch *(hat bisher unbeweglich und teilnahmslos dagelegen und springt plötzlich auf)*. Alle? Das ist nicht wahr! Nicht alle! Wenn's alle schlecht hätten ... dann müßte man's so hinnehmen! Dann wäre kein Grund zu klagen ... ja!

Bubnow. Sag mal — reitet dich der Teufel? Hört doch! Brüllt mit einemmal auf!

(Kleschtsch legt sich wieder auf seinen Platz und knurrt vor sich hin.)

Der Baron. Muß doch sehen, was Nastenjka macht ... muß mich mit ihr vertragen ... sonst gibt sie kein Geld auf Schnaps ...

Bubnow. Daß die Menschen das Lügen nicht lassen können! ... Bei Nastjka begreif's ich's schließlich. Die ist dran gewöhnt, sich die Backen zu schminken ... da versucht sie's auch mal mit der Seele ... schminkt sich ihr Seelchen rot ... Aber die andern — warum tun die es? Luka zum Beispiel ... was flunkert der nicht zusammen ... so mir nichts, dir nichts! Warum lügt er nur ... in seinen Jahren!

Der Baron *(geht lächelnd ab)*. Alle Menschen — haben graue Seelen ... alle legen gern ein bißchen Rot auf ...

Luka *(tritt hinter der Ecke hervor)*. Sag doch, Baron — warum kränkst du das Mädchen? Laß sie doch ... mag sie weinen, sich die Zeit vertreiben ... Sie vergießt doch nur zu ihrem Vergnügen Tränen ... was kann dir's schaden?

Der Baron. Ein albernes Ding ist sie, Alter! Das wächst einem ja zum Halse heraus ... Heut — Raoul, morgen Gaston ... und ewig ein und dasselbe! Übrigens — will ich mich wieder mit ihr aussöhnen ... *(Ab.)*

Luka. Geh, sei hübsch freundlich zu ihr! Gegen einen Menschen freundlich sein — schadet niemals ...

Natascha. Wie gut du bist, Großväterchen ... Wie kommt es, daß du so gut bist?

Luka. Gut bin ich, sagst du? Na ... 's ist doch recht so, denk' ich ... ja! *(Hinter der roten Wand hört man leisen Gesang und Harmonikaspiel.)* Siehst du, Mädel — es muß doch auch einer da sein, der gut ist ... wir sollen Erbarmen haben mit den Menschen; Christus — siehst du — der hatte Erbarmen mit allen und hat's auch uns befohlen ... Zur rechten Zeit Erbarmen haben — glaub mir's, es ist immer gut! Da war ich zum Beispiel mal als Wächter in einem Landhaus angestellt, bei einem Ingenieur, nicht weit von der Stadt Tomsk in Sibirien ... Na, schön! Mitten im Walde stand das Landhaus, eine ganz einsame Gegend ... und Winter war's, und ich war ganz allein in dem Landhaus ... Schön war's dort — ganz prächtig! Und einmal ... hör' ich, wie sie näherschleichen!

Natascha. Diebe?

Luka. Ja. Sie schleichen also näher, und ich nehme meine Büchse und trete ins Freie ... Ich sehe: es sind zwei Mann ... eben steigen sie in ein Fenster ein, und sind so eifrig bei der Sache, daß sie mich gar nicht sehen. Ich schrei' auf sie los: Heda! ... Macht, daß ihr fortkommt ... Und sie stürzen, denkt euch, auf mich mit 'nem Beil los ... Ich warne sie — Halt! ruf' ich, sonst geb' ich Feuer! ... Und dabei leg' ich bald auf den einen, bald auf den andern an. Sie fallen auf die Knie, heißt das: Verschone uns! Na, ich war mächtig tückisch ... wegen des Beils, weißt du! Ihr Waldteufel, sag' ich, ich hab' euch fortjagen wollen — und ihr seid nicht gegangen ... Und jetzt, sag' ich, mag mal einer von euch im Busch drüben Ruten holen. Sie tun's. Und nun befehl' ich: Einer von euch lege sich hin, und der andere — mag ihn prügeln! Und so haben sie, auf mein Geheiß, sich gegenseitig durchgeprügelt. Und wie sie jeder ihre Tracht Prügel weg haben, da sagen sie zu mir: Großväterchen, sagen sie, gib uns ein Stück Brot, um Christi willen! Nicht 'nen Bissen haben wir im Leibe. Das waren nun die Diebe, meine Tochter . . . *(lacht)* . . . die mit 'nem Beil auf mich losgegangen waren! Ja, ein paar prächtige Jungen waren's . . . Ich sage zu ihnen: Ihr Waldteufel, hättet doch gleich um Brot bitten sollen! Da meinten sie: 's war uns schon über . . . man bittet, bittet, und kein Mensch gibt was . . . Da geht einem die Geduld aus! . . . Na, und so blieben sie also bei mir, den ganzen Winter. Der eine — Stepan hieß er — nimmt gern mal die Büchse und geht in den Wald . . . Und der andere, Jakow mit Namen, war immer krank, hustete immer . . . Zu dreien, heißt das, bewachten wir so das Landhaus. Und wie der Frühling kam — da sagten sie: Leb wohl, Großväterchen! und machten sich auf . . . nach Rußland . . .

Natascha. Es waren wohl Sträflinge, die fortgelaufen waren?

Luka. Ja, das waren sie . . . Flüchtlinge . . . hatten ihren Ansiedlungsort verlassen . . . Ein paar prächtige Jungen . . . Hätt' ich kein Erbarmen mit ihnen gehabt — wer weiß, wie's gekommen wäre! Erschlagen hätten sie mich vielleicht . . . Dann wären sie vor Gericht gekommen, und ins Gefängnis, und nach Sibirien zurück . . . wozu das? Das Gefängnis lehrt dich nichts Gutes, und auch Sibirien lehrt dich's nicht . . . aber ein Mensch — der kann dich was lehren, ja! Ein Mensch — der kann dich das Gute lehren . . . sehr einfach! *(Pause.)*

Bubnow. Hm — ja! . . . Und ich . . . kann mal nicht lügen! Warum soll ich's tun? Immer 'raus mit der Wahrheit, das ist meine Meinung, ob sie euch gefällt oder nicht. Wozu sich genieren?

Kleschtsch *(springt jäh auf, als wenn ihn etwas gestochen hätte; schreiend).* Was für eine Wahrheit? Wo ist die Wahrheit? *(Klopft mit den Händen auf seine zerfetzten Kleider.)* Da ist die Wahrheit — da! Keine Arbeit . . . keine Kraft in den Gliedern — das ist die Wahrheit! Keinen Winkel, in dem man zu

Hause ist! Krepieren muß man . . . das ist sie, deine Wahrheit! Teufel noch eins! Was . . . was soll sie mir, diese — Wahrheit? Laß mich nur einmal frei aufatmen . . . aufatmen laß mich! Was hab' ich denn verbrochen? Wozu die Wahrheit, zum Teufel? Ich kann nicht leben . . . nicht leben . . . das ist die Wahrheit!

Bubnow. Hört mal . . . den hat's aber gepackt . . .

Luka. Herr Jesus . . . sag doch, mein Lieber, du . . .

Kleschtsch *(zitternd vor Erregung).* Ihr sagt nur immer — die Wahrheit! Du, Alter — du tröstest alle . . . Und ich sage dir: ich hasse alle! Und auch diese Wahrheit, diese verdammte . . . verflucht soll sie sein! Hast verstanden? Merk dir's. Verflucht soll sie sein. *(Geht eilends um die Ecke, während er dabei zurückschaut.)*

Luka. Ei, ei, ei! Ist der aber außer sich geraten . . . Und wo ist er denn hingerannt?

Natascha. Wie ein Verrückter tobt er davon . . .

Bubnow. Der hat ordentlich losgelegt! Wie im Theater . . . 's kommt öfter vor, so was . . . Hat sich noch nicht gewöhnt ans Leben . . .

Pepel *(kommt langsam hinter der Ecke hervor).* Guten Abend allerseits! Na, Luka, alter Luchs . . . erzählst wieder mal Geschichten?

Luka. Hättest hören sollen, wie hier ein Mensch geschrien hat!

Pepel. Der Kleschtsch, meinst du, hm? Was ist denn mit ihm los? Rennt an mir vorbei, als wenn er verbrüht wäre . . .

Luka. Wirst auch davonrennen, wenn dir's mal so . . . ans Herz geht . . .

Pepel *(setzt sich).* Ich kann den Menschen nicht leiden . . . zu bös' ist er mir, und zu eingebildet. *(Ahmt Kleschtsch nach.)* „Ich bin ein Mensch, der arbeitet . . ." Als ob die andern weniger wären als er . . . Arbeite doch, wenn's dir Vergnügen macht . . . was brauchst du da groß stolz zu sein? Wenn man die Menschen nach der Arbeit schätzen sollte . . . dann wär' ja ein Pferd besser als jeder Mensch . . . das zieht den Wagen und hält's Maul dazu! Natascha . . . sind deine Leute zu Hause?

Natascha. Auf den Friedhof sind sie gegangen . . . dann wollten sie zur Abendmesse gehen . . .

Pepel. Hast also mal 'ne freie Stunde . . . Das kommt selten vor!

Luka *(nachdenklich zu Bubnow).* Du sagst — die Wahrheit . . . Die Wahrheit ist aber nicht immer gut für den Menschen . . . nicht immer heilst du die Seele mit der Wahrheit . . . Zum Beispiel folgender Fall: Ich kannte einen Menschen, der glaubte an das Land der Gerechten . . .

Bubnow. An wa—as?

Luka. An das Land der Gerechten. Es muß, sagte er, auf der Welt ein Land der Gerechten geben . . . in dem Lande wohnen sozusagen Menschen von besonderer Art . . . gute Menschen, die einander achten, die sich gegenseitig helfen, wo sie können . . . alles ist bei ihnen gut und schön! Dieses Land der Gerechten also wollte jener Mensch immer suchen gehen . . . Er war arm, und es ging ihm schlecht, und wie's ihm schon gar zu schwerfiel, daß ihm nichts weiter übrig blieb, als sich hinzulegen und zu sterben — da verlor er noch immer nicht den Mut, sondern lächelte öfters vor sich hin und meinte: Hat nichts zu sagen — ich trag's! Noch ein Weilchen wart' ich — dann werf' ich dieses Leben ganz von mir und geh' in das Land der Gerechten . . . Seine einzige Freude war es — dieses Land der Gerechten . . .

Pepel. Na, und . . .? Ist er hingegangen?

Bubnow. Wohin? Hahaha!

Luka. Nun wurde nach eben jenem Ort — die Sache ist nämlich in Sibirien passiert — ein Verbannter gebracht, ein gelehrter Mensch . . . mit Büchern, und mit Plänen, und mit allerhand Künsten . . . Und jener Mensch spricht zu dem Gelehrten: Sag mir doch gefälligst, wo liegt das Land der Gerechten, und wie kann man dahin gelangen? Da schlägt nun der Gelehrte gleich seine Bücher auf und breitet seine Pläne aus . . . und guckt und guckt — aber das Land der

Gerechten findet er nirgends! Alles ist sonst richtig, alle Länder sind aufgezeichnet — nur das Land der Gerechten nicht!

Pepel *(leise)*. Nanu? War's wirklich nicht drauf?

(Bubnow lacht laut auf.)

Natascha. Was lachst du denn? Sprich weiter, Großväterchen!

Luka. Der Mensch will ihm nicht glauben ... Es muß drauf sein, sagt er ... such nur genauer! Sonst sind ja, sagt er, all deine Bücher und Pläne nicht 'nen Pfifferling wert, wenn das Land der Gerechten nicht drin verzeichnet ist ... Mein Gelehrter fühlt sich beleidigt. Meine Pläne, sagt er, sind ganz richtig, und ein Land der Gerechten gibt's überhaupt nirgends! — Na, da wurde nun der andere ganz wütend. Was? sagt er — da hab' ich nun gelebt und gelebt, geduldet und geduldet und immer geglaubt, es gebe solch ein Land! Und nach deinen Plänen gibt es keins! Das ist Raub! ... Und zu dem Gelehrten sagt er: Du nichtsnutziger Kerl! Ein Schuft bist du und kein Gelehrter! Und gab ihm eins übern Schädel, und noch eins ... *(Schweigt ein Weilchen.)* Und dann ging er nach Hause und — hängte sich auf ... *(Alle schweigen. Luka blickt stumm auf Pepel und Natascha.)*

Pepel *(leise)*. Hol's der Teufel ... die Geschichte ist nicht lustig ...

Natascha. Er konnt's nicht ertragen ... so enttäuscht zu werden ...

Bubnow *(mürrisch)*. Alles Märchen ...

Pepel. Hm — ja ... da hatte er das Land der Gerechten ... es war nicht zu finden, scheint's ...

Natascha. Er kann einem leid tun ... der arme Mensch ...

Bubnow. Ist ja alles nur ausgedacht ... Hehe! Das Land der Gerechten — wie will er denn dahin kommen? Hehehe! *(Verschwindet vom Fenster.)*

Luka *(nickt nach Bubnows Fenster hin)*. Da lacht er nun! Ach ja! *(Pause.)* Na ... Kinder, gehabt euch wohl! Ich verlass' euch bald ...

Pepel. Wohin geht denn die Reise?

Luka. Nach Kleinrußland ... da soll ein neuer Glaube aufgekommen sein, hör' ich ... will mal sehen, was dran ist ... ja! Die Menschen suchen und suchen, wollen immer was Besseres finden ... Gott geb ihnen nur Geduld!

Pepel. Was meinst du ... werden sie's finden?

Luka. Wer — die Menschen? Gewiß werden sie's finden! Wer den rechten Willen hat — der findet ... Wer eifrig sucht — der findet!

Natascha. Wenn sie doch was finden möchten! ... Etwas recht Schönes müßten sie ausfindig machen ...

Luka. Das werden sie schon! Man muß ihnen nur helfen, meine Tochter ... muß sie respektieren ...

Natascha. Wie soll ich ihnen helfen? Ich bin selbst ... so hilflos.

Pepel *(in entschlossenem Tone)*. Hör mal, Natascha ... ich möchte mit dir reden ... In seinem Beisein ... er weiß alles ... Komm ... mit mir!

Natascha. Wohin? Ins Gefängnis?

Pepel. Ich hab' dir schon gesagt, daß ich lassen will vom Diebesgewerbe! Bei Gott — ich lass' es! Wenn ich's gesagt habe, halt' ich Wort! Ich hab' Lesen und Schreiben gelernt ... kann mich redlich ernähren ... *(Mit einer Kopfbewegung nach Luka.)* Er hat mir geraten — ich soll's in Sibirien versuchen ... freiwillig sollt' ich hingehen ... Was meinst du — wollen wir hin? Glaub mir, ich habe mein Leben längst satt! Ach, Natascha! Ich seh' doch, wie die Dinge liegen ... Ich such' mich damit zu trösten, daß andere noch mehr stehlen als ich — und dabei in Ehren leben ... Aber was hilft mir das? Gar nichts! Reue verspür' ich nicht ... glaub' auch an kein Gewissen ... Eins aber fühl' ich: ich muß anders leben! Besser muß ich leben! So muß ich leben ... daß ich mich selber achten kann ...

Luka. Ganz recht, mein Lieber! Der Herr sei mit dir ... Christus mag dir helfen! Ganz richtig sagst du: Der Mensch muß sich selber achten ...

Pepel. Ich war schon von klein auf nur — der

Dieb ... Immer hieß es: Wasjka der Dieb, Wasjka der Spitzbubenjunge! Gut, mir kann's recht sein; weil ihr's so wolltet, bin ich ein Dieb geworden ... Nur ihnen zum Possen bin ich's vielleicht geworden .. weil nie jemand darauf kam, mich anders zu nennen als ... Dieb! ... Nenn du mich anders, Natascha ... nun?

Natascha *(schwermütig)*. Ich trau' nicht recht ... Worte sind Worte ... Und dann ... ich weiß nicht ... ich bin heut so unruhig ... so bange ist mir ums Herz, als ob ich etwas erwartete! Hättest heut nicht davon anfangen sollen, Wassili ...

Pepel. Wann denn sonst? Ich sage dir's nicht zum erstenmal ...

Natascha. Wie soll ich denn mit dir gehen? Ich liebe dich ja ... nicht so ... Manchmal gefällst du mir wohl ... aber 's kommt auch vor, daß es mir zuwider ist, dich nur anzusehen. Jedenfalls — lieb' ich dich nicht ... Wenn man liebt, sieht man keine Fehler am Geliebten ... und ich seh' doch welche an dir ...

Pepel. Wirst mich schon liebgewinnen, hab keine Angst! Wirst dich an mich gewöhnen ... sag nur erst „ja"! Länger als ein Jahr hab' ich dir zugeschaut, und ich sehe, du bist ein braves Mädchen ... ein guter, treuer Mensch ... von Herzen hab' ich dich liebgewonnen!

(Wassilissa, noch im Ausgehkleide, erscheint am oberen Fenster; sie drückt sich gegen den Pfosten und lauscht.)

Natascha. So ... mich hast du liebgewonnen, und meine Schwester ...

Pepel *(verlegen)*. Was ich mir aus der mache! Die Sorte ist nicht weit her ...

Luka. Hat nichts zu sagen, meine Tochter! Man ißt auch mal Gartenmelde ... wenn man nämlich kein Brot hat ...

Pepel *(düster)*. Hab Erbarmen mit mir! 's ist kein leichtes Leben, das ich führe — so freudlos, so gehetzt wie ein Wolf ... Wie wenn ich im Moor versänke ... wonach ich fasse, alles verfault ... nichts gibt mir Halt ... deine Schwester, dacht' ich ... würde anders sein ... Wäre sie nicht so geldgierig — ich hätte um sie . . . alles gewagt! Wenn sie nur zu mir gehalten hätte — ganz und gar zu mir . . . Na, ihr Herz steht eben nach anderem . . . ihr ist's ums Geld zu tun . . . und um die Freiheit . . . und nach Freiheit begehrt sie nur, um liederlich sein zu können. Die kann mir nicht helfen . . . Du aber — bist wie eine junge Tanne: du stichst wohl, aber du gibst Halt . . .

Luka. Und ich sage dir: nimm ihn, meine Tochter, nimm ihn! Er ist 'n herzensguter Junge! Mußt ihn nur öfter dran erinnern, daß er gut ist . . . damit er's nicht vergißt, heißt das! Er wird dir's schon glauben! . . . Sag ihm nur immer: „Wasja", sag, „du bist ein guter Mensch — vergiß das nicht!" Überleg doch mal, meine Liebe — was sollst du sonst anfangen? Deine Schwester — die ist ein böses Tier; von ihrem Manne — läßt sich auch nichts Gutes sagen: keine Worte gibt's, seine Schlechtigkeit zu benennen . . . und dieses ganze Leben hier . . . wo findest du 'nen Weg . . . hier heraus? Der Wasja aber . . . ist ein kräftiger Bursche . . .

Natascha. Einen Weg find' ich nicht . . . das weiß ich . . . hab's schon selbst überlegt . . . Aber ich . . . trau halt keinem . . . Keinen Weg seh' ich hier heraus . . .

Pepel. Einen Weg gibt's wohl . . . aber den lass' ich dich nicht gehen . . . Eher schlag' ich dich tot . . .

Natascha *(lächelnd)*. Sieh doch . . . ich bin noch nicht mal deine Frau, und schon willst du mich totschlagen!

Pepel *(legt seinen Arm um sie)*. Sag „ja", Natascha, 's wird schon werden . . .

Natascha *(schmiegt sich an ihn an)*. Na . . . eins will ich dir sagen, Wassili . . . und Gott soll mein Zeuge sein: sowie du mich ein einziges Mal schlägst . . . oder sonstwie beleidigst . . . dann ist mir alles eins . . . Entweder häng' ich mich auf, oder . . .

Pepel. Die Hand soll mir verdorren, wenn ich dich nur anrühre . . .

Luka. Hat nichts zu sagen, meine Liebe, kannst ihm glauben! Du bist ihm nötiger, als er dir . . .

Wassilissa *(aus dem Fenster)*. Nun seid ihr also verlobt! Gott gebe euch Eintracht und Liebe!

Natascha. Sie sind schon zurück ... o Gott! Sie haben uns gesehen ... ach, Wassili!

Pepel. Was ängstigst du dich? Jetzt darf dich niemand mehr anrühren!

Wassilissa. Fürcht dich nicht, Natalija! Der wird dich nicht schlagen ... Er kann weder schlagen noch lieben ... ich kenn' ihn!

Luka *(leise)*. Ach, so'n Weib ... die richtige Giftschlange ...

Wassilissa. Er ist nur mit Worten kühn ...

Kostylew *(tritt auf)*. Nataschka! Was machst du hier, du Betteldíng? Klatschst hier, was? Klagst über deine Verwandten? Und dabei ist der Samowar nicht in Ordnung und der Tisch nicht abgeräumt?

Natascha *(im Abgehen)*. Ihr wolltet doch in die Kirche gehen ...

Kostylew. Es geht dich nichts an, was wir wollten! Kümmre dich um deine Geschäfte ... tu, was man dich heißt ...

Pepel. Kusch dich, du! Sie ist nicht mehr deine Magd ... Natalija, geh nicht ... nicht 'nen Finger rühre!

Natascha. Du kommandiere hier nicht 'rum ... es hat noch Zeit damit! *(Ab.)*

Pepel *(zu Kostylew)*. Das hört jetzt auf! Habt dem armen Mädel genug zugesetzt! Jetzt gehört sie mir.

Kostylew. Di-ir? Wann hast du sie gekauft? Was hast du gegeben?

(Wassilissa lacht laut auf.)

Luka. Wasja. Geh fort ...

Pepel. Macht euch nur lustig über mich! Daß ihr nicht noch Tränen vergießt!

Wassilissa. Was du sagst! Vor dir hab' ich große Angst!

Luka. Geh fort, Wassili! Merkst du nicht, wie sie dich aufhetzt ... dich stachelt — verstehst du nicht?

Pepel. Aha ... so! *(Zu Wassilissa.)* Gib dir keine Mühe! Was du willst, geschieht nicht!

Wassilissa. Und was ich nicht will, geschieht auch nicht, Wasja!

Pepel *(droht ihr mit der Faust).* Das werden wir sehen! ... *(Ab.)*

Wassilissa *(vom Fenster verschwindend).* Dir will ich 'ne schöne Hochzeit ausrichten!

Kostylew *(tritt an Luka heran).* Na, was treibst du, Alter?

Luka. Nichts treib' ich, Alter! ...

Kostylew. So ... du gehst fort, hör' ich?

Luka. 's ist Zeit ...

Kostylew. Wohin denn?

Luka. Wohin mich die Augen führen ...

Kostylew. Willst wohl 'n bißchen die Dörfer unsicher machen ... Scheinst kein rechtes Sitzfleisch zu haben ...

Luka. Rastet das Eisen, so rostet es, sagt das Sprichwort.

Kostylew. Vom Eisen mag das gelten. Ein Mensch aber muß festsitzen an einer Stelle ... Es geht nicht, daß die Menschen wie die Küchenschwaben durcheinanderlaufen ... bald dahin, bald dorthin ... Ein Mensch muß seinen Ort haben, an dem er zu Hause ist ... er darf nicht zwecklos herumkriechen auf der Erde ...

Luka. Und wenn einer — überall zu Hause ist?

Kostylew. Dann ist er eben — ein Landstreicher ... ein unnützer Mensch ... Ein Mensch muß sich nützlich machen ... muß arbeiten ...

Luka. Was du sagst!

Kostylew. Jawohl! Was denn sonst? ... Du nennst dich 'nen Wanderer, 'nen Pilger ... Was heißt ein Pilger? Ein Pilger ist 'n Mensch, der seinen eigenen Weg geht — sich absondert, ein Sonderling sozusagen, den andern nicht ähnlich ... Das heißt eben — wenn's ein wirklicher Pilger ist ... Er forscht und grübelt ... und findet am Ende auch etwas ... vielleicht gar die Wahrheit, wer weiß! Mag er seine Wahrheit für sich behalten und — schweigen! Ist er ein wirklicher Pilger — dann schweigt er. Oder er spricht so, daß ihn keiner versteht ... Er hat keine Wünsche, mischt sich in nichts ein, verdreht den Leuten nicht die Köpfe ... Wie die andern leben — das kümmert ihn gar nicht ... Er lebe fromm und gerecht ... suche die Wälder auf, die Einöden ... wo ihn niemand sieht. Keinem soll er im Wege sein, niemanden verdammen ... sondern für alle beten ... für alle Sünder dieser Welt .. für mich, für dich ... für alle! Darum eben flieht er die Eitelkeiten des Lebens — daß er bete. So ist's .. *(Pause.)* Und du ... was bist du für ein Pilger? ... Nicht mal 'nen Paß hast du ... Jeder ordentliche Mensch muß einen Paß haben ... alle ordentlichen Leute haben Pässe ... ja! ...

Luka. Es gibt eben — Leute, und es gibt — Menschen ...

Kostylew. Mach keine Späßchen! Gib keine Rätsel auf ... Ich bin nicht dein Hansnarr ... Was heißt das: Leute — und Menschen?

Luka. Wo ist da ein Rätsel? Ich meine — es gibt steinigen Boden, der zur Aussaat nicht taugt ... und es gibt fruchtbaren Boden ... was man auch darauf sät — das gedeiht ... So ist's ...

Kostylew. Nun? Was willst du damit sagen?

Luka. Du zum Beispiel ... Wenn der Herrgott selbst zu dir sagte: Michailo! Sei ein Mensch! ... es wär' umsonst, würde gar nichts nützen ... Wie du bist, so bleibst du nun schon mal ...

Kostylew. So ... und weißt du auch, daß der Onkel meiner Frau bei der Polizei ist? Und wenn ich ...

Wassilissa *(betritt den Platz)*. Michailo Iwanytsch, komm Tee trinken ...

Kostylew *(zu Luka)*. Hör mal, du — mach dich aus dem Staube! Fort aus meinem Hause! ...

Wassilissa. Ja, schnür nur dein Ränzchen, Alter ... Hast eine zu böse Zunge ... Wer weiß ... bist vielleicht ein weggelaufener Sträfling ...

Kostylew. Daß du mir noch heut verduftest! Sonst ... sollst du mal sehen ...

Luka. Rufst sonst den Onkel, was? Immer ruf ihn! Sag ihm: Hier kannst du 'nen Sträfling fangen, Onkel! Dann kriegt der Onkel 'ne Belohnung . . . drei Kopeken . . .

B u b n o w *(vom unteren Fenster her).* Was habt ihr da für Geschäfte? Wofür — drei Kopeken?

L u k a. Mich wollen sie verkaufen . . .

W a s s i l i s s a *(zu ihrem Gatten).* Komm schon . . .

B u b n o w. Für drei Kopeken? Sieh dich nur vor, Alter . . . die verkaufen dich schon für eine Kopeke . . .

K o s t y l e w *(zu Bubnow).* Glotzt da heraus . . . wie'n Kobold aus'm Ofenloch! *(Schickt sich mit Wassilissa zum Fortgehen an.)*

W a s s i l i s s a. Wieviel Gesindel es doch auf der Welt gibt . . . wieviel Schwindler!

L u k a. Wünsch' euch guten Appetit!

W a s s i l i s s a *(dreht sich nach ihm um).* Nimm dich in acht . . . du Giftpilz! *(Ab mit ihrem Gatten um die Ecke.)*

L u k a. Heut nacht — brech' ich auf . . .

B u b n o w. Machst du recht. 's ist immer das Beste, sich beizeiten zu drücken . . .

L u k a. Ganz richtig . . .

B u b n o w. Ich weiß Bescheid. Hab' mich auch mal rechtzeitig gedrückt und bin dadurch um Sibirien 'rumgekommen . . .

L u k a. Was du sagst!

B u b n o w. 's ist wahr. Die Sache war nämlich so: meine Frau hatte ein Techtelmechtel mit dem Gesellen . . . Ein tüchtiger Geselle war's, das muß ich sagen . . . machte aus Hundefellen die schönsten Waschbärpelze . . . Katzenfelle färbte er in Känguruhs um . . . in Bisamratten . . . in was man wollte . . . Ein sehr geschickter Bursche. Mit dem also hatte meine Frau angebändelt . . . und so fest hingen sie aneinander, daß ich jeden Augenblick fürchten mußte, sie würden mich vergiften oder sonstwie aus der Welt schaffen. Ich prügelte nun öfters mal meine Frau durch . . . und der Geselle prügelte mich durch . . . Ganz barbarisch hat er zugeschlagen! Einmal hat er mir den Bart halb ausgerauft und 'ne Rippe gebrochen. Na, ich war natürlich auch nicht fein . . . gab meiner

Frau eins mit der eisernen Elle übern Schädel ... überhaupt war's der richtige Krieg zwischen uns! Schließlich sah ich: es kommt nichts 'raus dabei ... sie kriegen mich unter! Da faßte ich den Plan — meine Frau um die Ecke zu bringen ... fest entschlossen war ich dazu! Aber zur rechten Zeit besann ich mich — und machte mich aus dem Staube ...

Luka. 's war besser so! Laß sie dort ruhig aus Hunden Waschbären machen! ...

Bubnow. Leider war die Werkstatt auf ihren Namen eingetragen ... Nur was ich am Leibe trug, behielt ich! Obwohl ich, ehrlich gesagt, die Werkstatt schließlich versoffen hätte ... Ich bin nämlich ein Quartalssäufer, verstehst du ...

Luka. Ein Quartalssäufer?

Bubnow. So ist's. Wenn ich richtig in'n Zug komme, versauf' ich alles, bis auf die blanke Haut ... Und dann bin ich auch faul ... nichts ist mir schrecklicher als arbeiten!

(Satin und der Schauspieler kommen streitend herein.)

Satin. Blödsinn! Nirgendshin wirst du gehen ... Alles dummes Zeug, was du da redest! Sag mal, Alter — was hast du diesem Jammerkerl vorgeschwatzt?

Der Schauspieler. Rede keinen Unsinn! Großvater, sag ihm, daß er Unsinn redet! Ich gehe wirklich! Heut hab' ich gearbeitet, hab' die Straße gefegt ... und keinen Schnaps getrunken! Was sagst du nun? Da, sieh her — zwei Fünfzehner, und ich bin nüchtern!

Satin. Wie albern! Gib her, ich will sie versaufen ... oder verspielen ...

Der Schauspieler. Laß sein! Das ist schon für die Reise!

Luka *(zu Satin)*. Höre, du — warum willst du ihn abbringen von seinem Vorsatz?

Satin. Sag mal, du Zauberer, Liebling der Götter — was soll mit mir noch mal werden? Ganz blank bin ich, Bruder — alles hab' ich verspielt! Noch ist die Welt nicht verloren, Alter — noch gibt es Kartenspieler, die geschickter mogeln als ich ...

Luka. Bist 'n lustiger Bruder, Konstantin ... ein lieber Mensch! ...

Bubnow. Du, Schauspieler — komm mal her!

(Der Schauspieler tritt an das Fenster heran, kauert sich davor nieder und unterhält sich leise mit Bubnow.)

Satin. Als ich noch jung war — da war ich ein fideles Huhn! Mit Vergnügen denk' ich dran zurück ... Eine Seele von Mensch war ich ... ich tanzte ausgezeichnet, spielte Theater, war ein famoser Gesellschafter ... einfach großartig!

Luka. Wie bist du denn abgekommen von deinem Wege — hm?

Satin. Bist du neugierig, Alterchen! Alles möchtest du wissen ... warum denn?

Luka. Möcht' gern verstehen, was so ... menschliche Angelegenheiten sind ... Und dich versteh' ich nicht, Konstantin, wenn ich dich so anseh! Ein so lieber Mensch ... und so gescheit ... und mit einemmal ...

Satin. Das Gefängnis, Großvater! Vier Jahre sieben Monate hab' ich abgemacht, und wie ich herauskam, als entlassener Sträfling, fand ich meinen Weg versperrt ...

Luka. Oh, oh, oh! Warum hast du denn gesessen?

Satin. Wegen eines Schurken ... den ich im Jähzorn erschlagen hatte ... Im Gefängnis hab' ich auch meine Kartenkunststücke gelernt ...

Luka. Und warum hast du ihn erschlagen? Wegen eines Weibes?

Satin. Wegen meiner eignen Schwester ... Aber geh mir jetzt vom Halse — ich liebe es nicht, wenn man mich aushorcht ... Es sind ... alte Geschichten ... meine Schwester ist tot ... neun Jahre schon ist's her ... Ein prächtiges Geschöpf war sie, meine Schwester ...

Luka. Nimmst das Leben nicht schwer! Andern fällt's weniger leicht ... Wie hat hier zum Beispiel der Schlosser vorhin aufgeschrien — oh, oh!

Satin. Der Kleschtsch?

Luka. Derselbige. Keine Arbeit, schrie er ... rein gar nichts ...

Satin. Wird sich dran gewöhnen ... Sag, was soll ich nun anfangen?

Luka *(leise)*. Guck! Da kommt er ...

(Kleschtsch kommt langsam, mit gesenktem Kopf, herein.)

Satin. Heda, junger Witwer! Was läßt du den Kopf so hängen? Worüber grübelst du?

Kleschtsch. Ich zerbrech' mir den Schädel darüber ... was ich jetzt tun soll! Mein Werkzeug ist hin ... alles hat das Begräbnis aufgefressen ...

Satin. Ich will dir 'nen Rat geben: tu gar nichts! Belaste die Erde mit deinem Gewicht — ganz einfach!

Kleschtsch. Du hast gut reden ... Ich — habe noch Scham vor den Leuten.

Satin. Lege sie ab, deine Scham! Haben die Leute vielleicht Scham darüber, daß du schlechter lebst als ein Hund? Wenn du nicht arbeitest und ich nicht arbeite ... und noch hundert, tausend andere nicht arbeiten ... und schließlich alle — begreifst du wohl? — alle die Arbeit hinwerfen und kein Mensch mehr was tut — — was, meinst du, wird dann wohl geschehen?

Kleschtsch. Dann werden alle verhungern ...

Luka *(zu Satin)*. Es gibt eine solche Sekte, „Flüchtlinge" nennen sie sich ... die reden ganz so wie du ...

Satin. Ich kenne sie ... Die sind gar nicht so dumm, Alterchen! *(Aus Kostylews Fenster hört man Natascha schreien: „Was tust du? Hör doch auf ..., was hab' ich denn getan?")*

Luka *(unruhig)*. Wer schrie da? War's nicht Natascha? Ach, du ... *(Aus Kostylews Wohnung vernimmt man lauten Lärm und das Klirren zerschlagenen Geschirrs. Dazwischen ruft Kostylew mit kreischender Stimme: „A-ah ... du Ketzerin ... du Aas ...")*

Wassilissa *(hinter der Bühne)*. Halt ... wart mal ... ich will sie ... so ... und so ...

Natascha. Hilfe! Sie schlagen mich tot!

Satin *(schreit ins Fenster hinein)*. Heda! Was fällt euch ein?

Luka *(läuft besorgt hin und her)*. Den Wasjka ... muß man rufen ... den Wassili ... O Gott! ... Kinder, meine Lieben ...

Der Schauspieler *(eilt fort).* Ich hol' ihn ... sofort ...

Bubnow. Die setzen dem armen Mädel was zu ...

Satin. Komm, Alter ... wir werden Zeugen sein ...

Luka *(ab hinter Satin).* Warum Zeugen? Was bin ich schon für'n Zeuge? Wenn nur Wasjka bald käme ... o weh!

Natascha *(hinter der Bühne).* Schwester — liebe Schwester ... Wa—a—a ...

Bubnow. Jetzt haben sie ihr den Mund verstopft ... will gleich mal sehen ...

(Der Lärm in Kostylews Wohnung wird schwächer, er verzieht sich offenbar aus der Wohnstube nach dem Hausflur. Man hört Kostylew rufen: „Halt!" Eine Tür wird zugeschlagen, wodurch der ganze Lärm gleichsam wie mit einem Beil abgeschnitten wird. Auf der Bühne ist es still. Abenddämmerung.)

Kleschtsch *(sitzt teilnahmslos auf dem Holzhaufen und reibt sich heftig die Hände. Dann beginnt er etwas vor sich hin zu murmeln, zuerst nur undeutlich, dann lauter).* Ja, was tun? ... Leben muß man ... *(Lauter.)* Wenigstens ein Obdach ... aber nein, nicht mal das ... nicht mal 'nen Winkel, wo man sich niederlassen könnte ... Nichts als der nackte Mensch ... ganz hilflos — und verlassen ...

(Geht langsam, in gebeugter Haltung, ab. Ein paar Sekunden unheimliche Stille. Dann erhebt sich irgendwo in dem Durchgang ein wirrer Lärm, ein Chaos von Tönen, das immer lauter wird und immer näher kommt. Man hört einzelne Stimmen.)

Wassilissa *(hinter der Bühne).* Ich bin ihre Schwester! Laßt mich los!

Kostylew *(hinter der Bühne).* Wie kommst du dazu, dich einzumischen?

Wassilissa *(hinter der Bühne).* Du Zuchthäusler ...

Satin *(hinter der Bühne).* Den Wasjka holt! ... macht rasch! ... Schiefkopf, schlag zu! *(Eine Polizistenpfeife ertönt.)*

Der Tatar *(stürzt auf die Bühne; seine rechte Hand*

ist verbunden). Was ist das für'n Gesetz — am hellen Tage zu morden?

(Schiefkopf kommt eilig herbei, hinter ihm Medwjedew.)

Schiefkopf. Na, der hat's von mir gekriegt!

Medwjedew. Wie kommst du dazu, ihn zu schlagen?

Der Tatar. Und du — weißt du nicht, was deine Pflicht ist?

Medwjedew *(läuft hinter Schiefkopf her).* Halt! Gib meine Pfeife zurück ...

Kostylew *(stürzt auf die Bühne).* Abram! Fang ihn ... halt ihn fest! Er hat mich geschlagen ...

(Hinter der Ecke hervor kommen Kwaschnja und Nastja — sie führen Natascha, die ganz zerzaust und übel zugerichtet ist, unter den Armen. Satin weicht hinter das Haus zurück, wobei er Wassilissa zurückstößt, die mit den Armen herumfuchtelt und ihre Schwester zu schlagen versucht. Um sie herum springt wie ein Besessener Aljoschka, er pfeift ihr die Ohren voll, schreit und heult. Noch ein paar weitere zerlumpte Gestalten, Männer und Frauen erscheinen.)

Satin *(zu Wassilissa).* Wohin denn, verdammte Eule?

Wassilissa. Weg, Sträfling! Und wenn mich's das Leben kostet — ich reiße sie in Stücke ...

Kwaschnja *(führt Natascha auf die Seite).* So hör doch auf, Karpowna ... Schäm dich! Wie kann man so unmenschlich sein?

Medwjedew *(nimmt Satin beim Kragen).* Aha ... jetzt hab' ich dich!

Satin. Schiefkopf! Schlag zu! ... Wasjka ... Wasjka!

(Alle drängen sich im Haufen an dem Durchgang neben der roten Wand. Natascha wird nach rechts geführt und dort auf dem Holzhaufen placiert.)

Pepel *(springt aus der Gasse vor und treibt schweigend, mit kräftigen Stößen, alle auseinander).* Wo ist Natascha? Du ...

Kostylew *(versteckt sich hinter der Ecke).* Abram! Fang den Wasjka ... Brüder, helft den Wasjka fangen! Den Dieb ... den Räuber ...

Pepel. Da ... du alter Wüstling! *(Schlägt mit kräf-*

tigen Hieben auf Kostylew los. Dieser stürzt so hin, daß hinter der Ecke nur sein Oberkörper sichtbar ist. Pepel eilt zu Natascha hin.)

Wassilissa. Haut den Wasjka! Ihr Täubchen . . . haut den Dieb!

Medwjedew *(zu Satin).* Hast dich nicht einzumischen ... das ist hier — 'ne Familienangelegenheit! Sie sind miteinander verwandt ... Und wer bist du?

Pepel *(zu Natascha).* Was hat sie dir getan? Hat sie dich gestochen?

Kwaschnja. Sieh doch, was für Bestien! Mit kochendem Wasser haben sie ihr die Beine verbrüht ...

Nastja. Den Samowar haben sie umgestoßen ...

Der Tatar. Kann zufällig gewesen sein . . . wenn man's nicht genau weiß, soll man nicht reden ...

Natascha *(halb ohnmächtig).* Wassili ... nimm mich weg von hier ... versteck mich ...

Wassilissa. Seht nur, meine Lieben! Guckt doch her! Er ist tot ... Erschlagen haben sie ihn!

(Alle sammeln sich an dem Durchgang um Kostylew. Von der Menge sondert sich Bubnow ab, der an Pepel herantritt.)

Bubnow *(leise).* Wasjka! Der Alte ... hat genug!

Pepel *(sieht ihn an, als ob er seine Worte nicht begriffe).* Geh, hol eine Droschke ... sie muß ins Krankenhaus ... na, mit denen will ich abrechnen!

Bubnow. Hör, was ich sage: den Alten hat jemand kaltgemacht ... *(Der Lärm auf der Bühne verlöscht gleichsam wie ein Feuer, in das man Wasser gießt. Man vernimmt einzelne halblaute Ausrufe: „Ist's wirklich wahr?" „Da haben wir's!" „Nanu?" „Wollen uns lieber drücken, Bruder!" „Teufel noch eins!" „Jetzt heißt es, Kopf oben!" „Reißt aus, ehe die Polizei kommt!" Die Menge wird kleiner, Bubnow und der Tatar entfernen sich. Nastja und Kwaschnja stürzen zu Kostylews Leichnam.)*

Wassilissa *(erhebt sich vom Boden und ruft laut, in triumphierendem Tone).* Erschlagen haben sie ihn ... meinen Mann! Und wer hat's getan? Der da! Wasjka hat ihn erschlagen! Ich hab's gesehen, meine Lieben! Ich hab's gesehen! Na, Wasjka? Heda, Polizei!

Pepel *(entfernt sich von Natascha).* Laß mich mal ... Platz da! *(Starrt auf den Leichnam. Zu Wassilissa.)* Na? Jetzt bist du wohl froh? *(Stößt den Leichnam mit dem Fuße.)* Ist wirklich krepiert ... der alte Hund! Nu hast du deinen Willen ... Soll ich dir nicht auch gleich ... 's Genick umdrehen? *(Stürzt auf sie zu, doch fassen ihn Satin und Schiefkopf rasch. Wassilissa versteckt sich in der Seitengasse.)*

Satin. Komm doch zur Besinnung!

Schiefkopf. Prrr! Wohin springst du denn?

Wassilissa *(erscheint wieder auf dem Platze).* Na, Wasjka, mein Herzensfreund? Niemand entgeht seinem Schicksal ... Die Polizei! Abram ... so pfeif doch!

Medwjedew. Sie haben mir ja die Pfeife weggenommen, die Teufelskerle ...

Aljoschka. Da ist sie! *(Er pfeift. Medwjedew läuft hinter ihm her.)*

Satin *(geleitet Pepel zu Natascha zurück).* Hab' keine Angst, Wasjka! Totschlag bei 'ner Prügelei ... Lappalie! Da gibt's nicht viel ...

Wassilissa. Haltet ihn nur fest! Wasjka hat ihn erschlagen ... Ich hab's gesehen!

Satin. Ich hab' ihm auch ein paar Hiebe versetzt ... Was braucht denn so'n alter Mann viel! Gib mich nur als Zeugen an, Wasjka ...

Pepel. Ich ... brauch' mich nicht zu rechtfertigen ... Aber die Wassilissa ... die will ich 'reinlegen! Sie wollte es haben ... sie hat mich dazu angestiftet, ihren Mann totzuschlagen ... jawohl, sie hat mich angestiftet ...

Natascha *(plötzlich einfallend, mit lauter Stimme).* Ah! ... jetzt versteh' ich! ... So steht's, Wassili? Hört doch, ihr guten Leute: 's war alles besprochen! Er und meine Schwester ... sie haben es eingefädelt, haben's drauf angelegt! Sieh doch, Wassilij! Darum hast du vorhin ... mit mir so geredet ... damit sie alles hörte?! Ihr guten Leute, sie ist seine Liebste ... Ihr wißt ja

... alle wissen es ... sie sind einig miteinander! Sie ... sie hat ihn angestiftet, ihren Mann zu erschlagen ... er war ihnen im Wege ... und auch ich war ihnen im Wege ... Darum hat sie mich so zugerichtet ...

Pepel. Natalija! Was sprichst du da ... was sprichst du?

Satin. Ist ja dummes Zeug!

Wassilissa. Sie lügt! Alles Lüge ... Ich weiß von nichts ... Wasjka hat ihn erschlagen ... er ganz allein!

Natascha. Sie haben's besprochen! Verflucht sollt ihr sein ... alle beide ...

Satin. Das wird 'n verzwicktes Spiel ... Jetzt heißt es: Kopf oben, Wassili, sonst kriegen sie dich unter!

Schiefkopf. Kann's nicht begreifen! ... Ach ... sind das Geschichten ...

Pepel. Natalija! Sprichst du ... im Ernst? Kannst du wirklich glauben, daß ich ... mit ihr ...

Satin. Bei Gott, Natascha ... nimm doch Vernunft an!

Wassilissa *(in der Seitengasse).* Meinen Mann haben sie erschlagen ... Euer Wohlgeboren ... Wasjka Pepel, der Dieb ... hat ihn erschlagen, Herr Kommissar! Ich hab's gesehen ... alle haben es gesehen ...

Natascha *(wälzt sich halb besinnungslos hin und her).* Ihr guten Leute ... meine Schwester und Wasjka ... die haben ihn erschlagen! Herr Polizeimann ... hören Sie doch mal ... diese da, meine Schwester hat ihn verleitet ... ihren Liebsten ... hat sie angestiftet ... da ist er, der Verfluchte — die beiden haben's getan! Nehmt sie fest ... stellt sie vor Gericht ... Auch mich nehmt mit ... ins Gefängnis mit mir! Um Christi willen ... ins Gefängnis ...

(Der Vorhang fällt.)

VIERTER AKT

Bühneneinrichtung des ersten Aktes

Nur Pepels Kammer ist nicht mehr da, die Verschläge sind beseitigt. Auch der Amboß fehlt an der Stelle, wo Kleschtsch früher saß. In der Ecke, in der früher Pepels Kammer war, liegt der Tatar, er wälzt sich hin und her und stöhnt ab und zu. Am Tische sitzt Kleschtsch; er bessert eine Harmonika aus und probiert dann und wann die Akkorde. Am andern Ende des Tisches sitzen Satin, der Baron und Nastja. Vor ihnen eine Flasche Branntwein, drei Flaschen Bier, ein großes Stück Schwarzbrot. Auf dem Ofen der Schauspieler, er rückt unruhig hin und her und hustet. Es ist Nacht. Die Bühne wird durch eine Lampe erhellt, die mitten auf dem Tische steht. Draußen heult der Wind.

Kleschtsch. J—ja ... mitten in dem Lärme damals ist er verschwunden ...

Der Baron. Geflüchtet ist er vor der Polizei ... wie der Nebel vor der Sonne flieht ...

Satin. So fliehen die Sünder vor dem Antlitz der Gerechten!

Nastja. Ein prächtiger alter Mann war's! Und ihr ... seid überhaupt keine Menschen ... ihr seid Gesindel ...

Der Baron *(trinkt)*. Auf Ihr Wohl, Lady!

Satin. Ein interessanter Greis ... ja! Unsere Nastenjka hat sich in ihn verliebt ...

Nastja. Das hab' ich auch ... recht liebgewonnen hab' ich ihn! Er hatte für alles ein Auge ... für alles Verständnis ...

Satin *(lachend)*. Und war überhaupt für viele ... was eine Mehlsuppe für zahnlose Leute ist ...

Der Baron *(lachend)*. Oder ein Zugpflaster für'n Geschwür ...

Kleschtsch. Er hatte ein mitleidiges Herz ... ihr hier ... kennt kein Mitleid ...

Satin. Was hast du davon, daß ich dich bemitleide?

K l e s c h t s c h. Brauchst mich nicht zu bemitleiden ... aber wenigstens kränken ... sollst du mich nicht ...

D e r T a t a r *(richtet sich auf der Pritsche auf und wiegt seine krank Hand wie ein kleines Kind hin und her).* Der Alte war gut ... trug das Gesetz im Herzen! Wer's Gesetz im Herzen trägt — der ist gut! Wer s Gesetz nicht in sich hat — der ist verloren! ...

D e r B a r o n. Was für ein Gesetz, Fürst?

D e r T a t a r. Na, eben — das Gesetz ... je nachdem ... du verstehst mich schon!

D e r B a r o n. Rede weiter!

D e r T a t a r. Tritt keinem Menschen zu nahe — da hast du schon das Gesetz ...

S a t i n. Bei uns in Rußland nennt man das „Sammlung der Verordnungen über die Kriminal- und Korrektionsstrafen ..."

D e r B a r o n. Nebst einem Anhang: „Bestimmungen über die Strafen, die von den Friedensrichtern verhängt werden können" ...

D e r T a t a r. Bei uns heißt es Koran ... Euer Koran sind eure Gesetze ... Seinen Koran muß der Mensch im Herzen tragen ... ja!

K l e s c h t s c h *(probiert die Harmonika).* Zischt noch immer, das Biest! Was der Fürst da sagt, ist richtig ... man muß nach dem Gesetze leben ... nach dem Evangelium ...

S a t i n. Leb doch danach ...

D e r B a r o n. Versuch's doch ...

D e r T a t a r. Muhamed hat den Koran gegeben, er sagte: da habt ihr euer Gesetz! Tut, was darin geschrieben steht! Dann wird eine Zeit kommen — da reicht der Koran nicht mehr zu ... diese Zeit wird sich ihr eigenes Gesetz geben, ein neues ... Jede Zeit gibt sich ihr eigenes Gesetz ...

S a t i n. Na ja ... unsre Zeit hat sich eben die „Sammlung der Strafverordnungen" gegeben. Ein strammes Gesetz ... wird sich so leicht nicht abnutzen!

N a s t j a *(klopft mit ihrem Glase auf den Tisch auf).* Nu möcht' ich bloß wissen ... warum leb' ich eigentlich . . . hier bei euch? Ich will fort von hier . . . irgendwohin will ich gehen . . . bis ans Ende der Welt!

Der Baron. Ohne Schuhe, Lady?

Nastja. Ganz nackt meinetwegen! Auf allen vieren will ich kriechen!

Der Baron. Das wird ja sehr spaßig aussehen, Lady . . . so auf allen vieren . . .

Nastja. Jawohl, das tu' ich! Wenn ich nur deine Fratze nicht mehr zu sehen brauche . . . Ach, wie mir alles zuwider ist! Das ganze Leben . . . alle Menschen . . .

Satin. Wenn du gehst — dann nimm doch den Schauspieler mit . . . Er will ja auch bald aufbrechen . . . er hat nämlich in Erfahrung gebracht, daß genau einen halben Kilometer vom Ende der Welt eine Heilanstalt für Organons existiert . . .

Der Schauspieler *(streckt den Kopf über den Ofenrand vor).* Für Organismen, Schafskopf!

Satin. Für Organons, die mit Alkohol vergiftet sind . . .

Der Schauspieler. Ja! Er wird aufbrechen! Sehr bald wird er aufbrechen . . . Ihr werdet sehen!

Der Baron. Wer ist dieser „er", Sire?

Der Schauspieler. Ich bin's!

Der Baron. Merci, mein lieber Jünger der . . . äh, wie heißt sie doch? Die Göttin des Dramas, der Tragödie . . . wie hieß sie?

Der Schauspieler. Eine Muse war's, Schafskopf! Nicht Göttin, sondern Muse!

Satin. Lachesis ... Hera ... Aphrodite ... Atropos ... der Teufel soll sie alle unterscheiden! Ja . . . unser Musenjünger verläßt uns also .. Den Floh hat ihm der Alte ins Ohr gesetzt . . .

Der Baron. Der Alte war ein Narr . . .

Der Schauspieler. Und ihr seid Wilde! Unwissende Knoten seid ihr! Wißt nicht mal, wer Melpomene ist. Ihr herzlosen Menschen! Ihr werdet sehen — er verläßt euch! „Prasset nur, ihr traurigen Gesellen" . . . wie es bei Beranger heißt . . . ja! Er wird den Ort schon finden . . . wo es nichts mehr . . . gar nichts mehr . . .

Der Baron. Wo es gar nichts mehr gibt, Sire?

Der Schauspieler. Ja! Gar nichts mehr! „Die Höhle hier ... sie wird zum Grab mir werden ... Ich sterbe, welk und kraftlos!“ Und ihr ... warum lebt ihr nur? Warum?

Der Baron. Hör mal du — Kean oder Genie und Leidenschaft! Brülle nicht so!

Der Schauspieler. Halt's Maul! Gerade werd' ich brüllen!

Nastja *(hebt den Kopf vom Tisch empor, fuchtelt mit den Armen in der Luft herum).* Immer schrei zu! Mögen sie's hören!

Der Baron. Was hat das für 'nen Sinn, Lady?

Satin. Laß sie schwatzen, Baron! Hol sie der Teufel, alle beide ... Mögen sie schreien ... mögen sie sich die Schädel einrennen ... immerzu! Einen Sinn hat's schon ... Stör die Leute nicht, wie der Alte sagte ... Der Graukopf hat hier alles rebellisch gemacht.

Kleschtsch. Hat alle gelockt ... irgendwohin ... und wußte selber den Weg nicht ...

Der Baron. Der Alte war ein Scharlatan ...

Nastja. 's ist nicht wahr! Du bist selber ein Scharlatan!

Der Baron. Kusch dich, Lady!

Kleschtsch. Von der Wahrheit war er kein Freund, der Alte ... Ist immer mächtig über die Wahrheit hergezogen ... Schließlich hat er recht ... Was nützt mir alle Wahrheit, wenn ich nichts zu beißen habe? Da, seht euch den Fürsten an *(auf den Tataren weisend)* ... Hat sich die Hand zerquetscht bei der Arbeit ... jetzt heißt es, sie muß ihm abgenommen werden ... Da habt ihr die Wahrheit!

Satin *(schlägt mit der Faust auf den Tisch).* Still da! Ihr seid dummes Volk, alle miteinander. Redet bloß nicht von dem Alten! *(Ruhiger.)* Du, Baron, bist der Dümmste von allen ... hat keinen blauen Schimmer — und schwatzt doch! Ein Scharlatan soll der Alte sein? Was heißt Wahrheit? Der Mensch ist die Wahrheit! Das hat er begriffen ... Ihr aber nicht! Ihr seid stumpfsinnig wie die Ziegelsteine. Ich versteh' ihn ganz gut, den Alten ... Er hat wohl geflunkert ... aber es geschah aus Mitleid mit euch, weiß der Teufel! Es gibt viele solcher Leute, die aus Mitleid mit dem Nächsten lügen ... ich weiß es, hab' darüber gelesen! Sie lügen so schön, so begeistert, so wundervoll! Es gibt so trostreiche, so versöhnende Lügen ... Eine solche Lüge bringt es fertig, den Klotz zu rechtfertigen, der die Hand des Arbeiters zermalmt ... und den Verhungernden anzuklagen ... Ich — kenne die Lüge. Wer ein schwaches Herz hat ... oder wer sich von fremden Säften nährt — der bedarf der Lüge ... Jenem flößt sie Courage ein, diesem leiht sie ein Mäntelchen ... Wer aber sein eigener Herr ist ... wer unabhängig ist und nicht vom Schweiße der anderen lebt — was braucht der die Lüge? Die Lüge ist die Religion der Knechte und Herren ... die Wahrheit — ist die Gottheit des freien Menschen!

Der Baron. Bravo: Famos gesagt! Bin ganz deiner Meinung! Du sprichst ... wie 'n anständiger Mensch!

Satin. Warum soll nicht ein Gauner mal so reden wie 'n anständiger Mensch — wenn die anständigen Leute so reden wie die Gauner? Ja ... ich habe vieles vergessen, aber einiges hab' ich doch noch behalten! Der Alte? Das war ein ganz gescheiter Kopf! Der hat auf mich gewirkt ... wie Säure auf eine alte schmutzige Münze ... Na, Prosit, er soll leben! Gieß ein ... *(Nastja gießt ein Glas Bier ein und reicht es Satin.)*

Satin *(lächelnd)*. Der Alte — der lebt von innen heraus ... er sieht alles mit seinen eigenen Augen an ... Ich fragte ihn einmal: „Großvater, wozu leben eigentlich die Menschen?" ... *(Sucht in Stimme und Bewegung Luka nachzuahmen.)* „Die Menschen? Ei, die leben um des Tüchtigsten willen! Da leben zum Beispiel die Tischler, wollen wir annehmen — lauter elendes Volk ... und mit einemmal wird aus ihrer Mitte ein Tischler geboren ... solch ein Tischler, wie ihn die Welt noch nie gesehen hat; allen ist er über, kein andrer Tischler ist ihm gleich. Dem ganzen

Tischlerhandwerk gibt er ein neues Gesicht . . . sein eigenes Gesicht sozusagen . . . und mit einem Stoß rückt's um zwanzig Jahre vorwärts . . . Und so leben auch alle andern . . . die Schlosser und die Schuhmacher, und alle übrigen Arbeitsleute . . . auch die Bauern . . . und sogar die Herren — nur um des Tüchtigsten willen! Jeder denkt, er sei für sich selbst auf der Welt, und nun stellt sich's heraus, daß er für jenen da ist . . . für den Tüchtigsten! Hundert Jahre . . . oder vielleicht noch länger . . . leben sie so, für den Tüchtigsten!"

(Nastja blickt Satin starr ins Gesicht. Kleschtsch hört auf, an der Harmonika zu arbeiten, und hört gleichfalls zu. Der Baron läßt den Kopf sinken und trommelt mit den Fingern auf dem Tische. Der Schauspieler streckt den Kopf über den Ofenrand vor und sucht vorsichtig auf die Pritsche herunterzuklettern.)

Satin *(fortfahrend).* „Alle, mein Lieber, alle leben einzig um des Tüchtigsten willen! Darum sollen wir auch jeden Menschen respektieren . . . Wissen wir doch nicht, wer er ist, wozu er geboren wurde, und was er noch vollbringen kann . . . vielleicht wurde er uns zum Glück geboren . . . zu großem Nutzen . . . Ganz besonders aber müssen wir die Kinder respektieren . . . die kleinen Kinderchen! Die Kinderchen müssen Freiheit haben . . . Laßt die Kinder sich ausleben . . . respektiert die Kinder!" *(Lacht still für sich.)*

(Pause.)

Der Baron *(nachdenklich).* Für den Tüchtigsten . . . Hm ja . . . Das erinnert mich an meine eigene Familie . . . Eine alte Familie . . . noch aus den Zeiten Katharinas, vornehmer Adel . . . Militärs! Wir sind aus Frankreich eingewandert . . . sind in russische Dienste getreten . . . sind immer höher gestiegen . . . Unter Nikolaus I. hat mein Großvater, Gustave Deville . . . einen hohen Posten bekleidet . . . er war reich . . . hatte Hunderte von Leibeigenen . . . Pferde . . . einen Koch . . .

Nastja. Lüg doch nicht! 's ist alles Schwindel!

Der Baron *(springt auf).* Wa—as? N—na . . . weiter!

Nastja. Alles Schwindel!

Der Baron *(schreit)*. Ein Haus in Moskau! Ein Haus in Petersburg! Kutschen . . . Wappen am Kutschenschlag!

(Kleschtsch nimmt die Harmonika, erhebt sich und geht auf die Seite, von wo aus er die Szene beobachtet.)

Nastja. Schwindel!

Der Baron. Kusch dich! Dutzende von Lakaien . . . sag' ich dir!

Nastja *(mit sichtlichem Behagen)*. Alles Schwindel!

Der Baron. Ich schlag' dir den Schädel ein!

Nastja *(macht Miene, wegzulaufen)*. Kutschen? Ist Schwindel!

Satin. Hör auf, Nastenjka! Mach ihn nicht wütend . . .

Der Baron. Wart, du . . . nichtsnutziges Ding! Mein Großvater . . .

Nastja. Es gab gar keinen Großvater! Gar nichts gab's!

(Satin lacht.)

Der Baron *(sinkt, ganz erschöpft vor zorniger Erregung, auf die Bank zurück)*. Satin, sag ihr doch . . . der Schlumpe . . . was, auch du lachst? Auch du . . . willst mir nicht glauben? *(Schreit voll Verzweiflung, indem er mit der Faust auf den Tisch schlägt.)* Hol euch der Teufel . . . es war so, wie ich sage!

Nastja *(in triumphierendem Tone)*. Aha, siehst du, wie du aufgeschrien hast? Jetzt weißt du, wie einem Menschen zumute ist, wenn man ihm nicht glauben will!

Kleschtsch *(kehrt an den Tisch zurück)*. Ich dachte schon, es gibt 'ne Prügelei . . .

Der Tatar. Ist das 'n dummes Volk! Zu läppisch!

Der Baron. Ich . . . laß mich nicht so foppen! Ich habe Beweise . . . Dokumente hab' ich, zum Kuckuck!

Satin. Wirf sie in 'n Ofen! Und vergiß die Kutschen deines Großvaters . . . In der Kutsche der Vergangenheit kommt der Mensch nicht vom Fleck . . .

Der Baron. Wie kann sie es aber wagen . . .

Nastja. Nun sag einer! Wie ich's wagen kann . . .

Satin. Du siehst doch, sie wagt es! Ist sie etwa schlechter als du? Wenn sie auch in ihrer Vergangenheit ganz sicher keine Kutschen und keinen Großvater . . . vielleicht nicht mal Vater und Mutter aufzuweisen hat . . .

Der Baron *(sich beruhigend)*. Hol dich der Teufel . . . du urteilst über alles so kaltblütig, während ich gleich . . . Ich glaube, ich hab' keinen Charakter . . .

Satin. Schaff dir einen an. Ist 'ne nützliche Sache . . . *(Pause.)* Sag mal, Nastja — gehst du nicht öfters ins Krankenhaus?

Nastja. Weshalb?

Satin. Zu Natascha?

Nastja. Jetzt frägst du? Die ist längst heraus . . . heraus und verschwunden! Nirgends ist sie zu finden . . .

Satin. Also spurlos verschwunden . . .

Kleschtsch. Bin neugierig, ob Wasjka die Wassilissa, oder Wassilissa den Wasjka gründlicher reinlegt . . .

Nastja. Wassilissa? Die wird sich 'rausschwindeln! Die ist schlau. Den Wasjka werden sie wohl in die Zwangsarbeit schicken . . .

Satin. Für Totschlag bei 'ner Schlägerei gibt's nur Gefängnis . . .

Nastja. Schade! Zwangsarbeit wäre besser. Euch alle sollte man in die Zwangsarbeit schicken . . . Wegfegen sollte man euch, wie einen Haufen Schmutz . . . in 'ne Grube irgendwohin!

Satin *(verdutzt)*. Was fällt dir ein? Bist wohl verrückt geworden?

Der Baron. Ich hau' dir gleich eine 'runter . . . freches Ding!

Nastja. Versuch's mal! Rühr mich nur an!

Der Baron. Gewiß versuch' ich's!

Satin. Laß sie, rühr sie nicht an! Beleidige den Menschen nicht in ihr. Immer wieder fällt mir dieser Alte ein! *(Lacht laut.)* Beleidige den Menschen nicht in ihr! . . . Und wenn man mich beleidigt hat — so, daß ich fürs ganze Leben genug habe — was soll ich dann tun? Verzeihen? Nie und nimmer!

Der Baron *(zu Nastja)*. Merk dir's, du: ich bin nicht deinesgleichen! Du . . . Dirne!

Nastja. Ach, du ... Unglücklicher! Du ... lebst doch von mir, wie die Made vom Apfel ...

(Die Männer lachen verständnisvoll.)

Kleschtsch. Dumme Gans! Ein schöner Apfel bist du ...

Der Baron. Soll man sich ärgern — über solch eine ... Idiotin?

Nastja. Ihr lacht? Verstellt euch doch nicht! Euch ist's nicht zum Lachen ...

Der Schauspieler *(finster)*. Gib's ihnen gehörig!

Nastja. Wenn ich nur könnte! Ich würde euch alle ... *(Nimmt eine Tasse vom Tische und wirft sie auf den Boden.)* ... So!

Der Tatar. Was zerschlägst du das Geschirr? He, du verdrehte Schraube?

Der Baron *(erhebt sich)*. Nein, ich muß ihr doch mal ... Manieren beibringen!

Nastja *(läuft fort)*. Hol euch der Teufel!

Satin *(ruft hinter ihr her)*. Hör endlich auf! Was soll das? Wem willst du hier bange machen?

Nastja. Ihr Wölfe! Krepieren sollt ihr! Wölfe!

Der Schauspieler *(finster)*. Amen!

Der Tatar. Uh! Böses Volk — diese russischen Weiber! Zu frech ... zu zügellos! Die Tatarin — die ist nicht so! Die Tatarin kennt das Gesetz!

Kleschtsch. 'nen Denkzettel müßte sie kriegen ...

Der Baron. So 'ne gem — meine Person!

Kleschtsch *(probiert die Harmonika)*. Fertig! Und ihr Besitzer läßt sich nicht sehen ... Der Junge treibt's toll ...

Satin. Nun trink mal!

Kleschtsch *(trinkt)*. Danke! 's ist Zeit, sich aufs Ohr zu legen ...

Satin. Gewöhnst dich so nach und nach an uns?

Kleschtsch *(trinkt und geht in die Ecke zur Pritsche)*. Es macht sich ... Überall — sind schließlich Menschen ... Anfangs sieht man das nicht so ... aber später, wenn man genauer zuschaut, zeigt sich's, daß überall Menschen sind ... Es macht sich alles ...

(Der Tatar breitet irgend etwas auf der Pritsche aus, kniet nieder und betet.)

Der Baron *(zu Satin auf den Tataren zeigend).* Sieh doch!

Satin. Laß ihn ... 's ist ein guter Kerl ... stör' ihn nicht! *(Lacht laut.)* Ich bin heute so weichherzig ... weiß der Teufel, wie das kommt!

Der Baron. Du bist immer weichherzig, wenn du angeheitert bist ... Und so verständig bist du dann ...

Satin. Wenn ich angeheitert bin ... gefällt mir alles. Hm — ja ... Er betet? Sehr schön von ihm! Der Mensch kann glauben oder nicht glauben ... das ist seine Sache! Der Mensch — ist frei ... er hat selbst für alles aufzukommen: für seinen Glauben, seinen Unglauben, seine Liebe, seine Vernunft. Der Mensch trägt selbst die Kosten für alles, und darum ist er — frei! ... Der Mensch — ist die Wahrheit! Was heißt überhaupt „Mensch"? Das bist nicht du, und nicht ich bin's, und nicht sie sind es ... nein! Sondern du, ich, sie, der alte Luka, Napoleon, Muhamed ... alle miteinander sind es! *(Zeichnet in der Luft die Umrisse einer menschlichen Gestalt.)* Verstanden! Das ist — etwas ganz Großes! Das ist etwas, worin alle Anfänge stecken und alle Enden ... Alles im Menschen, alles für den Menschen. Nur der Mensch allein existiert, alles übrige — ist das Werk seiner Hände und seines Gehirns! Der M—ensch! Einfach großartig! So erhaben klingt das! M—men—nsch! Man soll den Menschen respektieren! Nicht bemitleiden ... nicht durch Mitleid erniedrigen soll man ihn ... sondern respektieren! Trinken wir auf das Wohl des Menschen, Baron! Wie schön ist's doch — sich als Mensch zu fühlen! Ich ... bin ein ehemaliger Sträfling, ein Totschläger, ein Falschspieler ... na ja! Wenn ich auf der Straße gehe, gucken die Leute mich an, als wär' ich der ärgste Spitzbube ... sie gehen mir aus dem Wege, sie starren hinter mir her ... und öfters sagen sie zu mir: Halunke! Windbeutel! Warum arbeitest du nicht? ... Arbeiten? Wozu? Um satt zu werden? *(Lacht laut auf.)* Ich habe die Menschen immer verachtet, die um das Sattwerden gar zu besorgt sind. Nicht darauf kommt's an, Baron! Nicht darauf! Der Mensch ist die Hauptsache! Der Mensch steht höher als der satte Magen! *(Erhebt sich von seinem Platze.)*

Der Baron *(schüttelt den Kopf).* Du denkst nach über die Dinge ... Das ist vernünftig ... das wärmt dir das Herz an ... Mir ist's nicht gegeben. *(Sieht sich vorsichtig um und fährt leise fort.)* Ich fürchte mich manchmal, Bruder ... verstehst du! Ich verlier' den Mut, denn ich sage mir: Was weiter?

Satin *(geht auf und ab).* Dummes Zeug! Vor wem soll der Mensch sich fürchten?

Der Baron. So weit ich zurückdenken kann, siehst du ... war's mir immer, als ob ein Nebel auf meinem Gehirn läge. Ich wußte nie recht, was mit mir los war ... ich fühlte mich immer, als ob ich mein Leben lang mich nur an- und ausgezogen hätte ... warum? Keine Ahnung! Ich habe gelernt ... habe die Uniform des adeligen Instituts getragen ... aber was habe ich gelernt? Keine Ahnung ... Ich habe geheiratet — zog einen Frack an, dann einen Schlafrock ... nahm mir ein Scheusal von Weib — warum? Keine Ahnung ... Ich hab' alles durchgebracht, was da war — und trug ein schäbiges graues Jackett und fuchsige Hosen ... aber wie ich eigentlich auf den Hund gekommen bin? Nicht die blasse Ahnung ... Ich wurde beim Kameralhof angestellt ... bekam eine Uniform, eine Mütze mit Kokarde ... ich unterschlug amtliche Gelder ... zog den Sträflingskittel an ... dann — zog ich das hier an ... Und alles ... geschah wie im Traume ... lächerlich, was?

Satin. Nicht sehr ... Ich find's eher dumm ...

Der Baron. Ja ... auch mir scheint es dumm ... Aber irgendeinen Zweck muß es doch haben, daß ich geboren wurde ... wie?

Satin *(lacht).* Schon möglich ... Der Mensch wird um des Tüchtigsten willen geboren! *(Nickt mit dem Kopfe.)* Stimmt ... ausgezeichnet!

Der Baron. Diese... Nastjka... Läuft einfach fort... will doch mal sehen, wo sie steckt! Es ist doch immer... *(Ab. Pause.)*

Der Schauspieler. Du, Tatar! *(Pause.)* Fürst!

(Der Tatar wendet den Kopf nach ihm um.)

Der Schauspieler. Bete für mich...

Der Tatar. Was willst du?

Der Schauspieler *(leise)*. Beten sollst du... für mich!...

Der Tatar *(nach kurzem Schweigen)*. Bete doch selber...

Der Schauspieler *(klettert rasch vom Ofen herunter, tritt an den Tisch heran, gießt sich mit zitternder Hand ein Glas Branntwein ein, trinkt und geht hastig, fast laufend in den Hausflur)*. Jetzt geh' ich!

Satin. He — du, Sigambrer! Wohin? *(Er pfeift.)*

(Medwjedew, in einer wattierten Frauenjacke, und Bubnow kommen herein — beide ein wenig angeheitert. Bubnow trägt in der einen Hand ein Bund Brezeln, in der andern ein paar geräucherte Fische, unter dem Arm eine Flasche Branntwein, in der Rocktasche eine zweite.)

Medwjedew. Das Kamel ist... 'ne Art Esel, sozusagen. Nur daß es keine Ohren hat...

Bubnow. Hör endlich auf! Bist selber — eine Art Esel.

Medwjedew. Ohren hat das Kamel überhaupt nicht! Es hört mit den Nasenlöchern...

Bubnow *(zu Satin)*. Herzensfreund! Ich hab' dich in allen Schenken und Spelunken gesucht! Nimm mir die Flasche ab, ich hab' keine Hand frei...

Satin. Leg doch die Brezeln auf den Tisch, dann hast du gleich eine Hand frei...

Bubnow. Stimmt! Du bist doch... Hast du gehört, Mann des Gesetzes?... Das ist 'n Schlaukopf!

Medwjedew. Alle Gauner — sind schlau... Das weiß ich längst! Was sollten sie ohne Schlauheit anfangen? Ein ordentlicher Mensch — der kann auch dumm sein; doch ein Spitzbube muß Grütze im Kopf haben. Aber von wegen des Kamels, Bruder... bist du schief gewickelt ... Ein Kamel ist 'n Reittier, sag' ich ... Hörner hat es nicht ... und Zähne auch nicht ...

B u b n o w. Wo steckt denn die ganze Gesellschaft? Kein Mensch da? Heda, kommt doch 'ran ... ich spendier' heut! Wer sitzt denn dort im Winkel?

S a t i n. Hast wohl bald alles verjuxt, Vogelscheuche?

B u b n o w. Das versteht sich! Diesmal war's Kapitälchen nur ganz klein ... das ich zusammengescharrt hatte ... Schiefkopf! Wo ist denn der Schiefkopf?

K l e s c h t s c h *(tritt an den Tisch heran)*. Er ist nicht da ...

B u b n o w. U—u—rrr! Bulldogge! Brrju, brlju, brlju! Puterhahn! Nur nicht bellen, nur nicht knurren! Trink, schmause, laß den Kopf nicht hängen ... ich halte alle frei! Das tu' ich gern, Bruder! Wenn ich ein reicher Mann wäre ... ich machte 'ne Schenke auf, in der alles umsonst zu haben wäre! Bei Gott! Mit Musik und einem Sängerchor ... Immer 'ran, trinkt, eßt, hört zu ... erquickt eure Seele! Nur herein zu mir, armer Mann ... in meine Gratis-Kneipe! Satin! Bruder! Ich möchte dich ... da, nimm die Hälfte meiner sämtlichen Kapitalien! Da, nimm sie!

S a t i n. Gib mir nur gleich alles ...

B u b n o w. Alles? Mein ganzes Kapital? Sollst du haben ... da! Ein Rubel ... noch einer ... ein Zwanziger ... ein paar Fünfer ... ein paar Zweikopekenstücke ... das ist alles!

S a t i n. Schön ... bei mir ist's sicherer aufgehoben ... Ich gewinne damit mein Geld zurück ...

M e d w j e d e w. Ich bin Zeuge ... du hast ihm das Geld in Verwahrung gegeben ... wieviel war's doch?

B u b n o w. Du! Du bist — ein Kamel ... Wir brauchen keine Zeugen ...

A l j o s c h k a *(kommt mit nackten Füßen herein)*. Kinder! Ich hab' mir die Füße naß gemacht!

B u b n o w. Komm — mach dir auch die Gurgel naß ... dann klappt die Sache wieder! Bist 'n lieber Kerl ... singst und musizierst ... sehr nett von dir! Aber — saufen ... solltest du nicht! Das Saufen ist nämlich schädlich, Bruder ... sehr schädlich!

Aljoschka. Das seh' ich an dir! Du bist erst ein Mensch, wenn du einen weg hast... Kleschtsch! Ist meine Harmonika repariert? *(Singt und tanzt dazu.)*

„Wär' ich nicht so 'n schmucker,
Netter, frischer Knabe,
Würde mich die Frau Gevattern
Nicht so gerne haben!"

Ganz erfroren bin ich, Kinder! 's ist kalt!

Medwjedew. Hm ... und wenn man fragen darf: wer ist denn die Frau Gevatterin?

Bubnow. Du — das gewöhn' dir ab! Du hast jetzt gar nichts zu fragen! Bist kein Polizist mehr ... abgemacht! Weder Polizist, noch Onkel bist du ...

Aljoschka. Sondern einfach — Tantchens Mann!

Bubnow. Von deinen Nichten sitzt die eine im Loch, und die andere liegt im Sterben ...

Medwjedew *(wirft sich in die Brust)*. Das ist nicht wahr! Sie liegt nicht im Sterben: sie ist einfach verschollen!

(Satin lacht laut auf.)

Bubnow. Ganz gleich, Bruder! Ein Mensch ohne Nichten — ist kein Onkel!

Aljoschka. Ew. Exzellenz! Pensionierter Tambour von der Löffelgarde!

Geld hat die Gevattern,
Ich hab' keinen Groschen —
Dafür bin ich allerwegen
Einer von den Forschen!

Brr! 's ist kalt!

(Schiefkopf kommt herein; dann, bis zum Ende des Akts, folgen noch ein paar Gestalten, Männer und Weiber. Sie entkleiden sich, strecken sich auf den Pritschen aus und brummen vor sich hin.)

Schiefkopf. Warum bist du fortgelaufen, Bubnow?

Bubnow. Komm her, setz dich! Wollen was singen, Bruder! Mein Lieblingslied ... was?

Der Tatar. Jetzt ist's Nacht, da wird geschlafen! Singt am Tage!

Satin. Laß sie doch, Fürst! Komm mal her!

Der Tatar. „Laß sie doch" — so! 's gibt Spektakel... wenn gesungen wird, gibt's Spektakel...

Bubnow *(geht zu ihm hin)*. Was macht die Hand, Fürst? Hat man sie dir schon abgeschnitten?

Der Tatar. Warum abgeschnitten? Wollen noch warten... vielleicht ist's nicht nötig, sie abzuschneiden... Eine Hand ist nicht von Eisen... 's ist rasch gemacht, das Abschneiden.

Schiefkopf. 's ist eine faule Sache, Hassanka! Was bist du ohne Hand? Bei unsereinem fragen sie bloß nach den Händen und nach dem Buckel... Ein Mensch ohne Hand — ist überhaupt kein Mensch! Kann sich einfach begraben lassen... Komm, trink ein Gläschen mit uns...

Kwaschnja *(tritt ein)*. Ach, meine lieben Mieter! Ist das 'n Hundewetter draußen! Ein Matsch, und eine Kälte... Ist mein Polizist da? Heda, Wachtmeister?

Medwjedew. Hier bin ich...

Kwaschnja. Hast du wieder meine Jacke an? Was ist denn mit dir? Ich glaube gar, du hast 'n bißchen... na, das fehlte noch!

Medwjedew. Bubnow... hat Geburtstag... und 's ist so kalt... so 'n Matsch!

Kwaschnja. Ich will dich lehren... so 'n Matsch! Nur nicht über die Stränge schlagen... Geh schlafen...

Medwjedew *(ab in die Küche)*. Schlafen gehen? Das kann ich... das will ich tun... 's ist Zeit. *(Ab.)*

Satin. Warum bist du denn... so streng gegen ihn?

Kwaschnja. Es geht nicht anders, lieber Freund. Ein Mann wie der muß streng gehalten werden. Zum Spaß hab' ich mir ihn nicht genommen! Er ist 'n Militär, dacht' ich... und ihr seid ein wüstes Volk... da werd' ich als Weib nicht allein fertig mit euch... Nu fängt er mir an zu saufen — nee, mein Junge, das gibt's nicht!

Satin. Hast deinen Assistenten schlecht gewählt...

Kwaschnja. Nee, laß mal — er ist ganz gut... du

willst mich ja nicht haben! Und wenn du mich schließlich auch wolltest — länger als acht Tage würde die Herrlichkeit nicht dauern ... Mit Haut und Haaren würdest du mich verspielen!

Satin *(lacht laut auf)*. Das stimmt! Verspielen würde ich dich!

Kwaschnja. Na also! Aljoschka!

Aljoschka. Hier ist er ...

Kwaschnja. Sag mal — was hast du über mich geschwatzt?

Aljoschka. Ich? Allerhand! Alles schwatz' ich, was ich verantworten kann! Das ist 'n Weib! sag' ich. Ein ganz erstaunliches Weib. Fleisch, Fett, Knochen — über drei Zentner, und Gehirn — nicht 'n halbes Lot!

Kwaschnja. Na, da lügst du, mein Junge. Ich hab' sogar ein ganz ansehnliches Gehirn ... Nein, warum erzählst du den Leuten, daß ich meinen Polizisten prügle?

Aljoschka. Ich dachte, weil du ihn an den Haaren zerrst ... das ist doch so gut wie geprügelt ...

Kwaschnja *(lacht)*. Dummer Kerl! Wozu den Schmutz aus dem Hause tragen? ... Das muß ihn doch kränken ... Aus lauter Ärger über dein Geklätsch hat er zu trinken angefangen ...

Aljoschka. Sieh mal an! Also ist's doch wahr, was das Sprichwort sagt: daß auch das Huhn trinkt!

(Satin und Kleschtsch lachen.)

Kwaschnja. Bist du aber witzig! Und sag mal, was bist du eigentlich für 'n Früchtchen, Aljoschka!

Aljoschka. Ich bin ein Kerl, der in die Welt paßt! Allerfeinste Sorte! Wohin mein Auge sieht — dahin mein Herz mich zieht!

Bubnow *(an der Pritsche des Tataren)*. Komm! Schlafen lassen wir dich doch nicht. Wollen heute singen ... die ganze Nacht! Was, Schiefkopf?

Schiefkopf. Können wir machen ...

Aljoschka. Ich begleite ...

Satin. Und wir hören zu!

Der Tatar *(schmunzelnd)*. Na, alter Satan Bubna ...

schenk mir ein Glas ein! „Wollen schwelgen, wollen trinken — bis daß uns der Tod tut winken!“

Bubnow. Schenk ihm ein, Satin! Schiefkopf, setz dich! Ach, Brüder! Wie wenig braucht doch der Mensch zum Glück! Ich zum Beispiel — nur ein paar Schlückchen hab' ich getrunken ... und bin kreuzfidel! Schiefkopf, fang an ... mein Lieblingslied! Singen will ich ... und weinen ...

Schiefkopf *(stimmt ein Lied an).* „Wohl steigt die Sonne auf und nieder ...“

Bubnow *(fällt ein).* „Doch dringt sie nicht zu mir herein!“

(Die Tür wird heftig aufgerissen.)

Der Baron *(auf der Schwelle stehend, schreit).* Heda ... Ihr! Kommt rasch ... kommt mal 'raus ... Auf dem Platze ... dort ... hat sich der Schauspieler ... erhängt!

(Schweigen. Alle sehen den Baron an. Hinter seinem Rücken erscheint Nastja, die langsam, mit weit geöffneten Augen, auf den Tisch zugeht.)

Satin *(leise).* Muß uns der das Lied verderben ... der Narr!

(Der Vorhang fällt.)

Russische Literatur

IN RECLAMS UNIVERSAL-BIBLIOTHEK

Block, Die Zwölf. 8725
Bunin, Der Herr aus San Francisco (zweispr.). 9788 [2]
Dostojewskij, Der Großinquisitor. 6256 – Die Sanfte. 6570 – Weiße Nächte. 2126
Gogol, Die Heirat. 7687 – Der Mantel. Aufzeichnungen eines Verrückten. 1716 – Der Mantel (zweispr.). 9489 [2] – Die Nase. Der Sorotschinsker Jahrmarkt. 1892 – Der Revisor. 837
Gorki, Das Ehepaar Orlow. 9877 [3] – Die Kleinbürger. 8096 [2] – Nachtasyl. 7671 – Sommergäste. 9791 [2]
Gribojedow, Verstand schafft Leiden. 9884
Kasakow, Arktur, der Jagdhund (zweispr.). 9833
Lermontow, Ein Held unserer Zeit. 968 [3]
Lesskow, Der Gaukler Pamphalon. 7788 – Die Geschichte von dem stählernen Floh und dem Linkshänder aus Tula. Das Tier. 8215
Majakowskij, Gedichte. 9324
Ostrowskij, Eine Dummheit macht auch der Gescheiteste. 8491 [2] – Der Wald. 7673 [2]
Panteleimonow, Der Flüchtige und andere Erzählungen. 7846
Pasternak, Sicheres Geleit. 7968 [2]
Paustowskij, Oktobernacht. 7684
Puschkin, Boris Godunow. 2212 – Eugen Onegin. 427 [4] – Die Hauptmannstochter. 1559 [2] – Pique Dame (zweispr.). 1613 [2] – Der Posthalter. Die Erzählungen Bjelkins. 7469
Rosow, Der Kulturleiter (zweispr.). 9862 [2]
Scholochow, Erzählungen vom Don. 8432
Setschkareff, Geschichte der russischen Literatur. 8697 [3]
Solschenizyn, Matrjonas Hof (zweispr.). 7945 [2]
Sostschenko, Was die Nachtigall sang. 8049
Tolstoi, Herr und Knecht. 3373 – Kosaken. 4707 [3] – Leinwandmesser. 8571 – Und das Licht scheinet in der Finsternis. 5434 – Der Tod des Iwan Iljitsch. 8980 – Volkserzählungen und Legenden. 2556 [3]
Tschechow, Der Bär. Der Heiratsantrag. Die Hochzeit. 4454 – Der Kirschgarten. 7690 – Der Mensch im Futteral. 9901 [4] – Der Sack hat ein Loch. 7801 – Die Möwe. 4319 – Drei Schwestern. 4264 – Die Steppe. 7809 [2] – Onkel Wanja. 8738
Turgenjew, Aufzeichnungen eines Jägers. 2197 [6] – Erste Liebe (zweispr.). 1732 [3]

Philipp Reclam jun. Stuttgart